Stadtregionen
in der Bundesrepublik Deutschland 1970

VERÖFFENTLICHUNGEN
DER AKADEMIE FÜR RAUMFORSCHUNG UND LANDESPLANUNG

Forschungs- und Sitzungsberichte
Band 103

Stadtregionen
in der Bundesrepublik Deutschland 1970

HERMANN SCHROEDEL VERLAG KG · HANNOVER · 1975

Zu den Autoren dieses Bandes

Karl Schwarz, Dr., 58, Abteilungspräsident im Statistischen Bundesamt Wiesbaden, Ordentliches Mitglied der Akademie für Raumforschung und Landesplanung.

Werner Nellner, Dr., 63, Ltd. Regierungsdirektor in der Akademie für zivile Verteidigung in Bonn-Bad Godesberg, Ordentliches Mitglied der Akademie für Raumforschung und Landesplanung.

Peter Möller, Dr., 53, Wissenschaftlicher Direktor in der Bundesforschungsanstalt für Landeskunde und Raumordnung in Bonn-Bad Godesberg, Korrespondierendes Mitglied der Akademie für Raumforschung und Landesplanung.

Manfred Bahlburg, Dr., 33, Wissenschaftlicher Referent der Akademie für Raumforschung und Landesplanung.

Heinz Hollmann, Dr., 56, Ltd. Regierungsdirektor beim Senator für Bauwesen Bremen, Korrespondierendes Mitglied der Akademie für Raumforschung und Landesplanung.

Henry Pohle, Dr., 57, Ltd. Regierungsdirektor im Landesamt für Datenverarbeitung und Statistik Nordrhein-Westfalen.

Friedrich Putz, Dipl.-Soziologe, 40, Referent im Statistischen Bundesamt Wiesbaden.

Karl König, Dipl.-Meteorologe, 57, Direktor des Amtes für Statistik und Stadtforschung in Augsburg, Korrespondierendes Mitglied der Akademie für Raumforschung und Landesplanung.

Best.-Nr. 91615
ISBN 3-507-91615-O
Alle Rechte vorbehalten · Hermann Schroedel Verlag KG Hannover · 1975
Gesamtherstellung: Druckerei Gustav Piepenbrink OHG, Hannover
Auslieferung durch den Verlag

INHALTSVERZEICHNIS

Seite

Karl Schwarz, Wiesbaden	Vorwort	VII
Werner Nellner, Bonn-Bad Godesberg	Das Konzept der Stadtregionen und ihre Neuabgrenzung 1970	1
Peter Möller, Bonn	Die Stadtregionen in Schleswig-Holstein und die Stadtregion Hamburg	27
Manfred Bahlburg, Hannover	Die Stadtregionen im Lande Niedersachsen (ohne Nordwest-Niedersachsen) 1970	33
Heinz Hollmann, Bremen	Die Stadtregionen in Nordwest-Niedersachsen (einschl. Land Bremen)	43
Werner Nellner, Bonn-Bad Godesberg	Die Stadtregionen in Hessen und im weiteren Rhein-Main-Gebiet	51
Henry Pohle, Düsseldorf	Die Stadtregionen in Nordrhein-Westfalen	63
Karl Schwarz, Wiesbaden	Die Stadtregionen in Rheinland-Pfalz und die Stadtregion Rhein-Neckar	69
Friedrich Putz, Wiesbaden	Die Stadtregionen im Saarland mit Zweibrücken	73
Peter Möller, Bonn	Die Stadtregionen in Baden-Württemberg (ohne die zur Stadtregion Rhein-Neckar gehörenden Gebiete um Mannheim/Ludwigshafen und Heidelberg)	79
Karl König, Augsburg	Die Stadtregionen in Bayern nach der Neuabgrenzung 1970	87
Tabelle 1:	Aggregierte Gemeindedaten nach Zonen der Stadtregionen 1950, 1961, 1970 (Fläche, Bevölkerung, Erwerbstätige, Einwohner-/Arbeitsplatzdichte, Pendler)	105
Tabelle 2:	Summentabelle der Stadtregionen 1950, 1961, 1970 (Fläche, Bevölkerung, Einwohner-/Arbeitsplatzdichte, Erwerbstätige)	131

Farbkarte „Stadtregionen in der Bundesrepublik Deutschland" am Schluß des Bandes

Hinweis: Die Gemeindedaten der Stadtregionen 1970 sind in der Reihe „Arbeitsmaterial" der Akademie für Raumforschung und Landesplanung veröffentlicht und können auf Wunsch von der Akademie bezogen werden.

Vorwort

Die Arbeitsgruppe „Neuabgrenzung der Stadtregionen 1970" der Akademie für Raumforschung und Landesplanung, bestehend aus den Mitgliedern

Wiss. Referent Dr. BAHLBURG,
  Akademie für Raumforschung und Landesplanung, Hannover;

Direktor a. D. Dr. GÖTZ,
  Statistisches Amt des Saarlandes, Saarbrücken;

Ltd. Reg.-Dir. Dr. HOLLMANN,
  Senator für das Bauwesen, Bremen;

Direktor KÖNIG,
  Amt für Statistik und Wahlen, Augsburg;

Wiss. Direktor Dr. MÖLLER,
  Bundesforschungsanstalt für Landeskunde und Raumordnung, Bonn;

Ltd. Reg.-Dir. Dr. NELLNER,
  Akademie für zivile Verteidigung, Bonn;

Ltd. Reg.-Dir. Dr. POHLE,
  Landesamt für Datenverarbeitung und Statistik Nordrhein-Westfalen, Düsseldorf;

Dipl.-Soz. PUTZ,
  Statistisches Bundesamt, Wiesbaden (als Schriftführer);

Abt. Präs. Dr. SCHWARZ,
  Statistisches Bundesamt, Wiesbaden (als Vorsitzender)

legt hiermit in Form von Beiträgen, Tabellen und einer Karte die Ergebnisse seiner Arbeit vor.

Der Hauptbeitrag von W. NELLNER behandelt unter Verweis auf frühere Veröffentlichungen der Akademie Zwecke und Ziele der Abgrenzung von Stadtregionen, die Abgrenzungskriterien, das Abgrenzungsverfahren und die Abgrenzungserfahrungen der Regionalbearbeiter mit kritischen Bemerkungen, in die auch die Ergebnisse der Diskussionen eingegangen sind. Danach werden die Hauptergebnisse der Abgrenzung 1970 mitgeteilt. Abschließend wird versucht, einige Ausblicke auf die Möglichkeiten künftiger Abgrenzungen zu geben.

Danach nehmen die für die Bearbeitung eines regionalen Ausschnittes jeweils zuständigen Mitglieder der Arbeitsgruppe zu den Erfahrungen und Problemen Stellung, die sich bei der Abgrenzung der einzelnen Stadtregionen ergeben haben. Hierbei wird auch auf die Fälle eingegangen, in denen wegen Besonderheiten der siedlungsgeographischen und raumstrukturellen Situation von den allgemeinen Abgrenzungskriterien abgewichen werden mußte. Der Leser wird hier die völlige Einheitlichkeit der Darstellung vermissen. Es erschien jedoch geboten und nützlich, der Individualität der eingangs genannten Bearbeiter viel freien Raum zu lassen.

In einem dritten Teil folgen aggregierte Gemeindedaten der Stadtregionen 1970 in alphabetischer Ordnung nach den Ergebnissen der Volkszählung 1970 mit Vergleichszahlen 1961. Nach einzelnen Gemeinden können sie für jede Stadtregion vom Sekretariat der Akademie zur Verfügung gestellt werden.

Schließlich ist eine Gemeindegrenzenkarte der Bundesrepublik Deutschland nach dem Gebietsstand 1970 im Maßstab 1:1,5 Mio. mit den Grenzen der Stadtregionen 1970 beigefügt.

Aus mehreren Gründen, von denen der wichtigste die kommunale Gebietsreform mit einer Verminderung der Zahl der Gemeinden von 25 000 auf nunmehr 10 000 ist, kann das bisherige Verfahren zur Abgrenzung von Stadtregionen nicht fortgesetzt werden. Die Arbeitsgruppe sieht daher mit dem Erscheinen dieses Bandes seine Tätigkeit als abgeschlossen an. Er ist jedoch davon überzeugt, daß hiermit keineswegs auch die wissenschaftliche Diskussion über die Abgrenzung von Stadtregionen in der Bundesrepublik Deutschland als beendet betrachtet werden kann. Die Praxis der Raumordnung, Landesplanung, Regionalplanung und Stadtplanung wird, ebenso wie die vergleichende Agglomerationsforschung, auch in Zukunft auf die Abgrenzung von Verstädterten Räumen angewiesen sein. Nach Auffassung der Arbeitsgruppe ist es hierzu jedoch nötig, das bisherige Konzept zu überdenken.

Die Autoren hoffen, daß sie gerade mit ihrer Selbstkritik der hier veröffentlichten Ergebnisse dazu beitragen, die Diskussion darüber neu in Gang zu setzen.

Im August 1975 *Karl Schwarz*

Das Konzept der Stadtregionen und ihre Neuabgrenzung 1970

von

Werner Nellner, Bonn-Bad Godesberg

A. Der Verdichtungsprozeß und die Abgrenzung von Stadtregionen

Schon Mitte der fünfziger Jahre, als die erste Wiederaufbauphase in unseren kriegszerstörten Städten abgeschlossen war, zeigte sich, daß sie zu Kristallisationskernen eines neuen demographischen und ökonomischen Verdichtungsprozesses wurden, der weit über das Maß vorangegangener Entwicklungen hinausreichte.

Die diesem Agglomerationsprozeß innewohnenden Kräfte bewirkten auch eine weitgehende Auflösung der bisherigen funktionalen Beziehungen und der alten Strukturen: Die ländliche Gesellschaft dieser Gebiete glich sich immer stärker der urbanen Industriegesellschaft an.

Die sich allmählich herausbildende neue Ordnung hat nicht zuletzt ihren Niederschlag in einem Wandel der Physiognomie der in den Ausstrahlungsbereich der urbanen Kerne geratenen Gemeinden gefunden. So wuchs auch die „morphologische" Stadt immer stärker über ihre administrativen Grenzen hinaus.

Damit stellte sich nicht nur erneut die Frage nach dem Verhältnis der administrativen Einheit „Stadt" zu dem ihr benachbarten Raum. Mehr und mehr drängten auch die Fragen nach der nun gegebenen Form und dem Inhalt des Gebildes „Stadt", nach Grad und Umfang ihres Einflußbereichs sowie nach der Erfaßbarkeit und Gliederung dieses mit dem urbanen Zentrum verflochtenen Raumes in den Vordergrund. Der Fragenkomplex betraf in besonderem Maße die größeren Städte, die urbanen Kerne der schnell wachsenden großflächigen Agglomerationen.

Die vielfältigen Erscheinungsformen dieses Entwicklungsprozesses und die Vielschichtigkeit der mit ihm verknüpften Probleme haben schon recht früh zu Versuchen geführt, einen quantitativen Überblick über Umfang und Struktur der Verdichtungsräume zu gewinnen. Darüber hinaus erwies es sich auch als wünschenswert, vergleichbare Raumeinheiten auszuweisen, um eine bessere Analyse der demographischen, ökonomischen und städtebaulichen Veränderungen sowie der funktionalen Verflechtungen innerhalb der Agglomerationen zu ermöglichen.

Nachdem im Ausland der Gedanke, solche Raumeinheiten nicht nur für die Stadtforschung und Stadtgeographie sowie für Zwecke der Raumforschung, sondern auch als Aufbereitungseinheiten für statistische Daten zu verwenden, verfolgt worden war, z. T.

auch realisiert wurde[1]), entschloß sich die Akademie für Raumforschung und Landesplanung, diesen Problemkreis in ihr wissenschaftliches Forschungsprogramm aufzunehmen. 1955 wurde zu diesem Zweck der Forschungsausschuß „Raum und Bevölkerung" gegründet.

Die von diesem Ausschuß durchgeführten umfangreichen Untersuchungen ergaben bald, daß es niemals möglich sein wird, die von einem urbanen Kernraum beeinflußten Gebiete in ihrer Gesamtheit mit Hilfe eines einzigen einheitlichen Determinateninstrumentariums zu erfassen. Es wird vielmehr immer nur gelingen, das komplexe System der Agglomerationen in partiellen Bereichen in den Griff zu bekommen. Für diese Teilbereiche können jedoch auf methodisch einheitlicher Basis vergleichbare Raumeinheiten gebildet werden. Im wesentlichen bieten sich hierfür drei Möglichkeiten an: die Abgrenzung von sozio-ökonomischen Einheiten, die Abgrenzung von städtebaulichen Einheiten und die Abgrenzung demographisch-soziologischer Einheiten.

Wenn sich der Forschungsausschuß für die sozio-ökonomische Methode der „Stadtregionen" entschied, dann war hierfür die Tatsache ausschlaggebend, daß damals nur für dieses Modell für das gesamte Bundesgebiet vergleichbare, objektive Daten, vor allem aus den Gemeindestatistiken der Volks- und Berufszählung 1950, vorhanden waren. Außerdem lagen für diese Abgrenzungsmethode Vorstudien von BOUSTEDT vor[2]). Es darf aber bei dieser wie bei allen anderen ganz oder vorzugsweise mit statistischen Daten arbeitenden Abgrenzungsmethoden niemals außer acht gelassen werden, daß das Ergebnis keine absolute Bedeutung haben kann, zumal sich die Grenzen allein schon in dem Maße verschieben, wie die Merkmalauswahl, ihre Kombination und die Festlegung der Gruppenwerte geändert werden.

Des weiteren ist festzuhalten, daß es sich bei den Stadtregionen um Raumeinheiten handelt, die auf den statistischen Strukturmerkmalen „Arbeit" und „Wohnen" sowie dem Verflechtungsmerkmal „Pendelwanderung" aufbauen. Die in Gemeinden innerhalb ihrer Grenzen lebende Bevölkerung findet ihre Existenzgrundlage vornehmlich außerhalb der Landwirtschaft, und zwar überwiegend in dem aus einer größeren Stadt oder aus mehreren Städten bestehenden urbanen Kern oder in benachbarten, strukturverwandten Gemeinden des „Kerngebietes". Damit umfassen die Stadtregionen neben dem mehr oder weniger baulich zusammenhängenden Agglomerationsbereich der „morphologischen Stadt" auch das darüber hinausreichende engere Verflechtungsgebiet. Es handelt sich bei ihnen also um einen mit dem statistischen Instrumentarium erfaßbaren sozio-ökonomischen Ausschnitt des Agglomerationsphänomens. Der viel weiter nach außen reichende Einflußbereich des urbanen Kernes wird also nicht mit einbezogen.

Das Ziel, ein Abgrenzungsmodell zu schaffen, das sich auf nur relativ wenige, aber jederzeit und überall verfügbare statistische Daten für Gemeinden stützt, bedingt aber zwangsläufig eine gewisse Begrenzung seiner Aussagekraft. Sie ergibt sich aus einer gewissen Schematisierung, die die charakteristischen Gegebenheiten der verschiedenen Regionen, wie etwa die ihnen eigene wirtschaftliche Struktur und die Besonderheiten der Pendlerwanderung, nicht berücksichtigt. Aber diese „Nachteile" haben den Vorzug, daß die zu untersuchenden Agglomerationsräume in einen einheitlichen Rahmen eingefügt und so die angestrebte Übersicht und Vergleichbarkeit aller Stadtregionen in der Bundesrepublik erreicht werden kann.

---

[1]) W. NELLNER: Die Abgrenzung von Agglomerationen im Ausland. In: Zum Konzept der Stadtregionen, Forschungs- u. Sitzungsberichte der Akademie für Raumforschung u. Landesplanung, Bd. 59, S. 91 ff., Hannover 1970.

[2]) O. BOUSTEDT: Die Stadtregionen. In: Allgemeines Statistisches Archiv, 37. Bd., 1953, S. 13 ff.

Diese Raumeinheiten bedürfen nun, entsprechend der von außen nach innen zunehmenden Verdichtung von Bevölkerung und Arbeitsstätten und der unterschiedlichen Pendlerverflechtung, einer weiteren Differenzierung. Es sind deshalb innerhalb der Stadtregionen verschiedene Zonen festgelegt worden[3]:

Als „Kernstadt" gilt das Verwaltungsgebiet der Stadtgemeinde mit der größten zentralen Bedeutung. Dem „Ergänzungsgebiet" sollten nach der ursprünglichen Konzeption solche Gemeinden zugeordnet werden, die an die Kernstadt unmittelbar oder im Verband mit gleichartigen Gemeinden auch nur mittelbar angrenzen und ihr in struktureller sowie funktionaler Hinsicht ähneln.

Die Kernstadt und das Ergänzungsgebiet werden als der zentrale Bereich des gesamten Raumes zum „Kerngebiet" zusammengefaßt. Dementsprechend werden auch die Zielpendler aus den übrigen Gemeinden der Stadtregion für dieses Gebiet und nicht etwa nur für die Kernstadt ermittelt.

Die „Verstädterte Zone" bildet den Nahbereich der Umlandgemeinden. Ihre Bevölkerung hat eine ausgesprochen gewerbliche Erwerbsstruktur und arbeitet zu einem erheblichen Teil im Kerngebiet.

Die „Randzonen" umfassen schließlich die übrigen Umlandgemeinden, bei denen das landwirtschaftliche Element nach der Peripherie hin zunimmt, ohne jedoch die Erwerbsstruktur eindeutig zu bestimmen, und eine nicht unerhebliche Pendelwanderung zum Kerngebiet geht.

Verstädterte Zone und Randzonen werden als „Umlandzonen" zusammengefaßt.

B. Die Bedeutung der Stadtregionen für Forschung und Verwaltung

Die Abgrenzung von Stadtregionen hat es erstmals ermöglicht, auch in der Bundesrepublik Einblicke in den Agglomerationsprozeß mittels vergleichbarer Raumeinheiten zu gewinnen. Wesentliche Erkenntnisse vermitteln schon die Ergebnisse der Abgrenzung selbst. Man kann nun ein Bild von Umfang und räumlicher Entwicklung dieser sozioökonomisch bestimmten Ballungsregionen, von ihrer Einwohnerzahl und der Intensität des Verdichtungsvorganges erhalten.

Erhebliche weitergehende Aufschlüsse brachte dann die Aufbereitung wichtiger Teile des Zählungswerkes 1961 nach Stadtregionen durch das Statistische Bundesamt[4]. Neben zahlreichen interessanten Strukturdaten aus der Volks- und Berufszählung wurde auch Zahlenmaterial aus der Gebäude- und Wohnungszählung sowie aus der Arbeitsstättenzählung dargeboten. Der besondere Wert des umfangreichen Tabellenprogramms lag in der starken Aufgliederung der statistischen Daten nach den Zonen der Stadtregionen. Außerdem wurden in diesem Zusammenhang langfristige Zeitreihen für die Bevölkerungsentwicklung in den Stadtregionen, und zwar für die Jahre von 1939 bis 1961, zusammengestellt, die weitere beachtenswerte Einblicke gestatteten.

---

[3] O. BOUSTEDT: Die Stadtregionen in der Bundesrepublik Deutschland. In: Stadtregionen in der Bundesrepublik Deutschland, Forschungs- u. Sitzungsberichte der Akademie für Raumforschung u. Landesplanung, Bd. XIV, S. 5 ff., Bremen 1960.

[4] O. BOUSTEDT: Die Stadtregionen als ein Instrument der vergleichenden Stadtforschung. In: Forschungs- u. Sitzungsberichte der Akademie f. Raumforschung u. Landesplanung, Bd. XXII, S. 13 ff., Hannover 1963. — Derselbe: Stadtregionen in der Bundesrepublik Deutschland 1961, Ergänzungsbände 1—3 zu Forschungs- u. Sitzungsberichte der Akademie f. Raumforschung u. Landesplanung, Bd. XXXII, Hannover 1968.

Wenn es aus finanziellen Gründen auch nicht möglich war, ein entsprechendes Programm für die Volks- und Berufszählung 1970 auf Bundesebene zu realisieren, war mit dem Datenwerk von 1961 und der Fortschreibung der Abgrenzung von 1950 über das Jahr 1961 bis 1970 doch eine Grundlage und ein Beispiel für weitere einschlägige Forschungsarbeiten bereitgestellt und der Anschluß an ausländische Publikationen gefunden worden. Damit war aber auch das mit dem Konzept der Stadtregionen gesetzte Ziel, ein neues Instrument für die vergleichende Stadtforschung zu schaffen, erreicht. Sie stand ja bisher stets vor der Schwierigkeit, mit sehr unterschiedlichen administrativen Größen, die im wesentlichen durch die Zufälligkeiten der Grenzziehungen der Städte bedingt waren, arbeiten zu müssen. Nun konnten aber mit Hilfe der neuen sozio-ökonomischen Raumeinheiten den einzelnen urbanen Kernen zugehörige Agglomerationsbereiche zugewiesen und eine objektive Vergleichsbasis geschaffen werden.

Als Beispiel für solche weiterführende Untersuchungen sei hier lediglich die Arbeit von P. KLEMMER genannt. In ihr wird mit Hilfe der Faktorenanalyse eine Verdichtung des umfangreichen, vom Statistischen Bundesamt zur Verfügung gestellten Ausgangsmaterials zur Bestimmung der typischen Strukturen der einzelnen Stadtregionen durchgeführt, und es wird die Herausarbeitung spezifischer Zentralitäts- bzw. Verstädterungsindikatoren untersucht[5]).

Daß die Abgrenzung von Stadtregionen eine echte „Bedarfslücke" schloß, zeigte sich an dem lebhaften Interesse, das ihr in steigendem Maße auch von der Städtestatistik, der Stadtgeographie, der Raumforschung und anderen Wissenschaftsgebieten im In- und Ausland entgegengebracht wurde.

Nun hatten sich die Untersuchungen des Forschungsausschusses naturgemäß nicht nur mit den Problemen auseinanderzusetzen, die mit dem Agglomerationsprozeß an sich verknüpft sind. Sie berührten auch zahlreiche Fragen, die im politischen und administrativen Bereich lebhaft diskutiert wurden. Es sei hier auf die Frage der Eingemeindungen und die damals viel erörterte Abgrenzung von „Planungsräumen" verwiesen. Daher war es nicht zu vermeiden, daß die Stadtregionen in die einschlägigen Erörterungen mit einbezogen wurden. Nicht selten waren sie dabei Fehlinterpretationen ausgesetzt.

Um der Möglichkeit solcher Mißdeutungen zu begegnen, hat der Forschungsausschuß von Anbeginn betont, daß die Stadtregionen nicht einfach mit Planungsräumen gleichzusetzen sind. Da Planungsräume, gleichgültig, ob sie für Zwecke der Landesplanung oder den besonderen Zielen einer Fachplanung dienen sollen, stets individuell bestimmt werden müssen, sind auch die für sie erforderlichen Daten gesondert zu ermitteln. Ferner ist zu bedenken, daß sich bei ihrer Abgrenzung häufig auch politische Aspekte niederschlagen. Diese Räume haben also stets zielbezogen zu sein.

Demgegenüber sind die Stadtregionen „Raumeinheiten mit gleicher Merkmalsstruktur und -kombination zum Zwecke des gegenseitigen Vergleichs"[6]). Das heißt allerdings nicht, daß das Instrument der Stadtregionen keine Bedeutung für die Praxis der Landes-, Regional- und Stadtentwicklungsplanung hat. Man darf ja nicht außer acht lassen, daß die Stadtregionen stets ein mehr oder weniger großes Gebiet der Planungsräume, Wirtschaftsregionen oder anderer zweckgebundener Raumeinheiten abdecken, fast immer aber mit

---

[5]) P. KLEMMER: Der Metropolisierungsgrad der Stadtregionen. In: Abhandlungen der Akademie für Raumforschung u. Landesplanung, Bd. 62, Hannover 1971.
[6]) O. BOUSTEDT: Wesen und Bedeutung der Stadtregionen. In: Stadtregionen in der Bundesrepublik Deutschland, Forschungs- u. Sitzungsberichte der Akademie für Raumforschung u. Landesplanung, Bd. XIV, S. 2, Bremen 1960.

den Kernbereichen solcher Räume übereinstimmen[7]). Daraus folgt, daß allein die für die Stadtregionen ermittelten Zahlen über die Bevölkerungsverteilung und -entwicklung, über die Intensität der Pendlerverflechtung, über die Rolle der landwirtschaftlichen Erwerbstätigkeit u. a. Daten auch eine erhebliche Aussagekraft für diese speziellen Raumeinheiten haben. Darüber hinaus vermag die Beobachtung der Stadtregionen über einen längeren Zeitraum wesentliche Aufschlüsse über bestimmte Entwicklungstendenzen der Verdichtungsräume und damit Fingerzeige für erforderliche Maßnahmen der Planung und der Verwaltung zu geben. Ferner hat sich gezeigt, daß die Stadtregionen auch für gewisse Sektoren des wirtschaftlichen Lebens willkommene Entscheidungshilfen sein können.

Schließlich hat dieses Modell der sozio-ökonomischen Einheiten beträchtlich dazu beigetragen, das konventionelle, vornehmlich auf kommunale Bereiche gerichtete Verwaltungsdenken zu durchbrechen und den Blick mehr auf die Bedeutung des Zusammenspiels interkommunaler Faktoren zu lenken. Damit sind auch gewisse psychologische Grundlagen für die heute so notwendige integrierte Entwicklungsplanung auf allen Ebenen der Verwaltung gelegt worden.

C. Das Abgrenzungsinstrumentarium

I. Die Entwicklung seit 1950

Die Konzeption für die Abgrenzung von Raumeinheiten nach empirisch-quantitativen Merkmalen und das zur Verfügung stehende statistische Zahlenmaterial für Gemeinden haben Art und Zusammensetzung des Determinanteninstrumentariums bestimmt. Wie bereits erwähnt wurde, stützt sich das Modell der Stadtregionen auf die beiden Strukturmerkmale „Arbeit" und „Wohnen" sowie auf ein Verflechtungsmerkmal. Diese Merkmale sollten grundsätzlich durch jeweils einen statistischen Wert dargestellt werden. Aus den für das Zählungsjahr 1950 greifbaren Daten wurden folgende Abgrenzungswerte ausgewählt:

1. Der Anteil der landwirtschaftlichen Erwerbspersonen in %/o aller Erwerbspersonen — zur Kennzeichnung der Wirtschaftsstruktur der Gemeinden

2. Auspendler in Richtung des städtischen Kerngebietes:
   a) in %/o der Erwerbspersonen insgesamt
   b) in %/o der Auspendler insgesamt
   — zur Kennzeichnung der Verflechtungsintensität des Umlandes mit dem Kerngebiet

3. Bevölkerungsdichte (Einwohner je qkm) — Als Anhalt für die Siedlungsstruktur der Gemeinden

Ferner war ein Merkmal festzulegen, mit dessen Hilfe man in der Lage war, nur diejenigen Raumeinheiten als Stadtregionen auszuweisen, die den Charakter einer groß-

---

[7]) Vgl. hierzu auch K. H. HOTTES: Planungsräume, ihr Wesen und ihre Abgrenzung. In: Theorie und Praxis bei der Abgrenzung von Planungsräumen, Forschungs- u. Sitzungsberichte d. Akademie für Raumforschung u. Landesplanung, Bd. 77, Hannover 1972.

städtischen Agglomeration haben oder aber wenigstens als „verhinderte Großstadt" anzusprechen sind. Untersuchungen ergaben, daß sich hierfür ein Schwellenwert von mindestens 80 000 Einwohner für die gesamte Stadtregion am besten eignet.

Aufgrund dieser Kriterien wurden nach eingehenden Analysen die Schwellenwerte für die einzelnen Zonen festgelegt. So sollte das Ergänzungsgebiet in der Regel eine Bevölkerungsdichte von mehr als 500 Einwohner/qkm und einen Anteil der landwirtschaftlichen Erwerbspersonen an allen Erwerbspersonen von weniger als 10 % haben. Der Verstädterten Zone sollten alle Gemeinden zugeordnet werden, die eine Bevölkerungsdichte von 200 bis 500 Einwohner/qkm, einen landwirtschaftlichen Erwerbspersonen-Anteil von weniger als 30 % und einen Anteil der in das Kerngebiet Auspendelnden an den Erwerbspersonen insgesamt von 30 % und mehr aufweisen; außerdem sollte der Anteil dieser Pendler an allen Auspendlern im allgemeinen über 60 % liegen.

Die erste Möglichkeit, das für 1950 entwickelte Modell der Stadtregionen zu überprüfen, boten die Daten aus der Volks- und Berufszählung 1961. Aus der Analyse dieses Zahlenmaterials erwuchs die Frage, ob die alten Merkmale und Schwellenwerte beibehalten werden konnten, ob eine Anpassung der Schwellenwerte an die inzwischen eingetretenen Strukturveränderungen zweckmäßig sei oder ob ein völlig neues Modell konzipiert werden sollte. Die Entwicklung eines neuen Modells schied aus mehreren Gründen aus.

Vor der Wahl einer der beiden anderen Wege waren nicht nur der Grad der strukturellen Wandlungen, sondern auch Veränderungen statistisch-methodischer Art zu prüfen:
Die Pendelwanderung hatte seit 1950 erheblich zugenommen. Aber die Erhöhung des Pendleranteils wirkte sich, wie Untersuchungen zeigten, vornehmlich in einer Intensivierung und stärkeren Verflechtung innerhalb der bisherigen Pendlergebiete aus.

Die stetig steigende Abwanderung aus der Landwirtschaft mußte naturgemäß zu einer allgemeinen Senkung des Anteils der landwirtschaftlichen Erwerbspersonen führen. Damit büßte aber auch die Aussagekraft der Agrarquote zur Charakterisierung verstädterter Gebiete ein. Diese Tendenz wurde jedoch durch die Konzeptionsänderung zur statistischen Erfassung der Erwerbsstruktur abgeschwächt, denn der Übergang vom Erwerbspersonenkonzept zum sogenannten Unterhaltskonzept brachte eine Erhöhung der Agrarquote mit sich. Diese wirkte sich um so mehr aus, je höher der Anteil der landwirtschaftlichen Bevölkerung in den jeweiligen Gemeinden war. Im Modell der Stadtregionen wurden davon also vornehmlich die Umlandzonen betroffen. Daraus folgte, daß ohne die statistische Konzeptänderung sich die Stadtregionen noch stärker ausgedehnt hätten, als das ohnehin der Fall war. Es hätten nämlich Gemeinden in einem Umfange einbezogen werden müssen, wie es sich mit den Vorstellungen von den Stadtregionen hätte kaum vereinbaren lassen. Außerdem wären innerhalb der Stadtregionen Umstufungen in den einzelnen Zonen erforderlich geworden, die einen Vergleich mit dem Abgrenzungsergebnis 1950 erschwert hätten.

Man entschloß sich daher, die 1950 angewandten Kriterien und Schwellenwerte auch für die Fortschreibung zum Jahre 1961 beizubehalten. Hierfür sprach neben der Möglichkeit eines echten Zeitvergleichs auch der Umstand, daß die Neuabgrenzung ohne umfangreiche Einzeluntersuchungen kurzfristig in Angriff genommen werden konnte.

Bis zum Zeitpunkt der Volks- und Berufszählung 1970 hatte sich die Situation erneut erheblich verändert. Es war daher wiederum zu prüfen, ob und ggf. in welchem Umfange diesem strukturellen Wandel Rechnung getragen werden mußte. Darüber hinaus waren im Laufe der Jahre aber auch gewisse Bedenken gegen die verwandten statistischen Merkmale vorgebracht worden. Dies alles führte im Forschungsausschuß „Raum und Bevölkerung" zu Überlegungen für eine Neukonzeption der Stadtregionen. Mit dieser Aufgabe wurde 1967 ein besonderer Arbeitskreis betraut.

Bedenken richteten sich zunächst gegen die kombinierte Verwendung der Merkmale „Bevölkerungsdichte" und „Agrarquote", weil beide Werte bis zu einem gewissen Grad korrelieren. Ein weiterer Einwand wurde gegen die alleinige Verwendung des Anteils der landwirtschaftlichen Erwerbspersonen an allen Erwerbspersonen zur Kennzeichnung des Ausmaßes der Vergewerblichung erhoben.

Wenn sich der Forschungsausschuß und sein Arbeitskreis dennoch entschlossen, die *Agrarquote* weiterhin als ein Abgrenzungskriterium beizubehalten, dann waren hierfür im wesentlichen drei Überlegungen ausschlaggebend:

— In Anbetracht des starken Widerhalls, den die Stadtregionen nahezu eineinhalb Jahrzehnte gefunden hatten, schien es angebracht, auch im Rahmen einer Überarbeitung des Konzepts soweit als möglich die Vergleichbarkeit der Abgrenzungsergebnisse mit den Stadtregionen 1950 und 1961 zu erhalten.

— Die Beschränkung auf ein aus nur relativ wenigen statistischen Merkmalen bestehendes Abgrenzungsinstrumentarium hatte sich in der Praxis bewährt. Vor allem hatte es sich als sehr zweckmäßig erwiesen, nur solche Daten zu verwenden, die ohne Schwierigkeiten aus den Gemeindestatistiken zu gewinnen waren. Zu ihnen gehörte der Anteil der landwirtschaftlichen Erwerbspersonen.

— Es bestand Übereinstimmung, daß die Agrarquote im Zuge des weiter anhaltenden Rückganges der landwirtschaftlichen Erwerbstätigkeit in allen Teilen des Bundesgebietes zwar erneut an Aussagekraft eingebüßt hatte, bei entsprechender Anpassung, d. h. bei ihrer Herabsetzung, aber immer noch ein brauchbares Kriterium für den Grad der Vergewerblichung eines Raumes darstellt.

Wie verschiedene Modelluntersuchungen zeigten, war dann von einer überwiegend gewerblichen Erwerbsstruktur auszugehen, wenn die Agrarquote unter 50 % lag. Es erschien daher angebracht, von dem noch 1961 verwendeten Maximalwert von 65 % für die äußere Abgrenzung der Stadtregionen abzugehen und den niedrigeren Schwellenwert als Grenzwert einzusetzen. Man nahm an, daß dann aus methodischen Gründen keine ins Gewicht fallende Veränderung der Außengrenzen der Stadtregionen eintreten und nur Verschiebungen aufgrund eines strukturellen Wandels registriert würden. Diese Hoffnung hat sich nach Vorliegen der Zählungsergebnisse 1970 allerdings als nicht immer zutreffend erwiesen, weil der Rückgang der landwirtschaftlichen Bevölkerung häufig doch größer war.

Die verminderte Aussagekraft des Anteils der landwirtschaftlichen Erwerbspersonen ließ allerdings auch seine Bedeutung als Kriterium für die zonale Gliederung der Stadtregionen in einem zweifelhaften Licht erscheinen. Als Konsequenz ergab sich vor allem der Verzicht auf die Unterteilung der Randzonen, für die dieser Wert ja bisher ausschlaggebend war. Er war wegen der erwähnten strukturellen Nivellierung gerade in diesen Gebieten um so eher zu vertreten, weil dadurch das Konzept der Stadtregionen keinerlei Einbußen erfuhr. Differenzierter mag allerdings das Urteil bezüglich des Wegfalls dieses Kriteriums für die Bestimmung der Verstädterten Zone ausfallen. Hierauf wird noch einzugehen sein.

Vorbehalte wurden zwar auch gegen die Verwendung der *Berufspendlerverflechtungen* erhoben, weil diesem Merkmal nicht ohne weiteres der Charakter eines Strukturmerkmals zuzubilligen ist. Der Arbeitskreis entschied sich dennoch für die Beibehaltung auch dieses Kriteriums. Wie kaum ein anderes vermag es eine Aussage über das Maß der funktionalen Verflechtung eines Raumes mit seinem ökonomischen Kerngebiet zu vermitteln.

Allerdings war auch dieses Merkmal den inzwischen eingetretenen Veränderungen anzupassen. Der große wirtschaftliche Aufschwung der sechziger Jahre spiegelte sich hinsichtlich des hier interessierenden Wandels der sozio-ökonomischen Struktur u. a. in zwei Tatsachen:

— Der recht fühlbare Mangel an geeigneten Arbeitskräften und Sanierungsmaßnahmen in den Kerngebieten der Agglomerationen führten zu einer Verlagerung industriellgewerblicher Arbeitsstätten in das Umland oder sogar in bisher rein ländliche Gebiete. In diesen Räumen siedelten sich aber auch ganz neue Betriebe an, die noch die Agglomerationsvorteile nutzen wollten. So kam es, daß sich der Rückgang der landwirtschaftlichen Erwerbstätigkeit nicht in jedem Fall in einer Zunahme des Pendlerstromes in die bisherigen Zentren niederschlug. Vielmehr erlangten nun auch die an den Rändern der Stadtregionen gelegenen Subzentren mit eigenen Pendlereinzugsbereichen wachsende Bedeutung.

— Trotz dieser Verlagerungen wuchs aber auch die Arbeitsplatzkapazität in den Kernstädten und in den benachbarten Gemeinden weiter. Da neben dem erhöhten und differenzierteren Arbeitsplatzangebot des urbanen Kernes auch die Siedlungstätigkeit im benachbarten Umland stark zunahm, verstärkte sich gleichzeitig auch die Pendlerverflechtung mit der Kernstadt und den Gemeinden des z. T. erheblich erweiterten Ergänzungsgebietes.

Um nun diesen neuen Aspekten Rechnung zu tragen, entschloß man sich, die bei den Abgrenzungen von 1950 und 1961 verwandte Pendlerquote (Anteil der in das Kerngebiet auspendelnden Erwerbspersonen an den Erwerbspersonen insgesamt) von 20 %/o auf 25 %/o heraufzusetzen. Das bedeutet, wenn im Extremfall eine Agrarquote von 50 %/o erreicht wird, daß dann die Hälfte der nicht in der Land- und Forstwirtschaft Tätigen ihren Arbeitsplatz im Kerngebiet der Stadtregion hat.

Bei der Konzeption 1950 war man noch davon ausgegangen, daß auch ein Kriterium für eine hohe relative Auspendlerverflechtung mit dem Kerngebiet in das Abgrenzungsinstrumentarium aufgenommen werden müsse. Der Anteil der nach dort Auspendelnden an allen Auspendlern sollte mindestens 60 %/o betragen. Auf dieses Merkmal wurde nun verzichtet, weil man ihm nur eine subsidiäre Bedeutung beimaß. Man war sich aber auch bewußt, daß seine Eliminierung die Tendenz zu einer gewissen methodisch bedingten Ausweitung der Stadtregionen fördern würde.

Etwas anders war die Situation in den Fällen, in denen dieses Merkmal zur Grenzziehung zwischen zwei oder mehreren sich direkt berührenden Stadtregionen verwandt worden war. Hier wog der Verzicht nicht schwer, da die Zuordnung der infrage stehenden Gemeinden auch nach der überwiegenden Auspendlerrichtung vollzogen werden kann.

Gravierender war aber die Entscheidung, trotz der noch stärker gewordenen funktionalen Verflechtung des Umlandes mit dem Kerngebiet, auf den Auspendleranteil als Element der Gliederung der Umlandzonen in Verstädterte Zone und Randzone zu verzichten. Dieses Merkmal sollte durch eine stärkere Gewichtung des Verdichtungskriteriums ersetzt werden. — Wie stark sich der Verzicht auf die Pendlerverflechtungen ausgewirkt hat, zeigen z. B. Vergleichsuntersuchungen für die Stadtregionen Hamburg und in Schleswig-Holstein (vgl. S. 27 ff.).

Das Motiv für eine konzeptionelle Änderung lag in dem Bestreben, auch eine Aussage über die Zusammenballung von industriell-gewerblichen Arbeitsplätzen in das Stadtregionsmodell aufzunehmen. Dieses Bemühen war durchaus berechtigt, wenn man die bekannte Entwicklung der Arbeitsplatzkapazitäten berücksichtigt. Verdichtung spiegelt sich eben nicht nur in einer Zusammenballung von Menschen, sondern auch in vielen anderen Erscheinungen, wie etwa in der Agglomerierung von Arbeitsplätzen. Fraglich ist nur, ob das Herausheben eines sich auf die Bevölkerungsdichte und ihrer Anreicherung durch die Beschäftigtendichte stützenden Merkmals, also ein doppelter Bezug von Einwohnern und Erwerbstätigen am Arbeitsort auf die Fläche, der angestrebten Aussageverbesserung gerecht werden kann. Hierauf wird noch einzugehen sein.

Nach dem Modell von 1950/61 gehörten zum Kerngebiet einer Stadtregion alle Gemeinden mit einer Bevölkerungsdichte von mindestens 500 Einwohner/qkm. Wie die Analyse der Volkszählungsergebnisse 1961 erkennen ließ, kamen in den bisherigen Ergänzungsgebietsgemeinden im Durchschnitt des Bundesgebietes auf 100 Einwohner rd. 40 in diesen Gemeinden Arbeitende[8]. Dieser Satz hat sich bis 1970 auf etwa 45 % erhöht. Wollte man diesen Verhältnissen entsprechen, dann war der bisherige Schwellenwert für das Verdichtungskriterium zu erhöhen. Man setzte daher aufgrund empirischer Untersuchungen den Gruppenwert der neuen *Einwohner-/Arbeitsplatzdichte* für die Zuordnung einer Gemeinde zum Kerngebiet mit mindestens 600 Personen/qkm fest. Wenn man die eben zitierten Erfahrungen aus der Volkszählung 1961 in Rechnung stellt, dann bedeutet das eine nicht unerhebliche Minderung der reinen Bevölkerungsdichte. Hätte man ihren bisherigen Schwellenwert beibehalten wollen, dann wäre für die kombinierte Dichte ein Wert zwischen 700 und 750 Personen/qkm zu wählen gewesen. Der neue Mindestwert von 600 ließ somit von Anbeginn eine gewisse Vergrößerung der Zahl der Kerngebietsgemeinden erwarten.

Für die weitere Unterteilung der Stadtregionen in eine Verstädterte Zone und in eine Randzone, die für die Praxis, und zwar nicht zuletzt für den örtlichen und zeitlichen Vergleich der Entwicklung und Struktur der städtischen Agglomerationen, beibehalten werden sollte, wurde gleichfalls die Einwohner-/Arbeitsplatzdichte herangezogen. Nach dem Ausscheiden der beiden bisherigen Kriterien (Agrarquote und Auspendleranteil) war sie nun das einzige Differenzierungsmerkmal. Zur Verstädterten Zone sollten alle Gemeinden mit einem Dichtewert von 250 bis unter 600 gehören. Auch der Festlegung des Gruppenwertes für die Gemeinden der Verstädterten Zone gingen empirische Untersuchungen auf der Basis von 1961 voraus. Es ergab sich, daß die Einwohner-/Arbeitsplatzdichte einer reinen Bevölkerungsdichte von mindestens 200 Einwohner/qkm entsprechen würde. In diesem Punkt war also eine weitgehende Übereinstimmung mit dem Konzept von 1950/1961 gewahrt.

Durch den Wegfall der anderen Kriterien konnte der neue Dichtewert voll zur Wirkung kommen. Das mußte in der Praxis eine gewisse Einengung der Verstädterten Zone mit sich bringen. Sie war aber zu vertreten, da sich gezeigt hatte, daß hier die bisherigen Abgrenzungsmerkmale einen Verstädterungsgrad andeuteten, der nicht immer den tatsächlichen Verhältnissen entsprach. Eine Einengung der Verstädterten Zone sollte im übrigen auch dadurch erreicht werden, daß als verstädtertes Gebiet eine möglichst geschlossene Zone um das Kerngebiet ausgewiesen werden sollte. Gemeinden, die zwar dem

---

[8] Vgl. K. Schwarz: Überlegungen zur Neuabgrenzung von Stadtregionen im Anschluß an die Volkszählung 1970. In: Zum Konzept der Stadtregionen, Forschungs- u. Sitzungsberichte der Akademie für Raumforschung u. Landesplanung, Bd. 59, S. 1, Hannover 1970.

neuen Verstädterungsmerkmal entsprechen, jedoch im Randzonenbereich liegen, sollten im allgemeinen nicht berücksichtigt werden. Nur innerhalb der Randzone gelegene Subzentren wurden von dieser Regelung ausgenommen.

Als Randzonengemeinden waren alle Gemeinden innerhalb der äußeren Grenzen der Stadtregionen mit einer unter 250 Personen/qkm liegenden Einwohner-/Arbeitsplatzdichte anzusprechen. Es war zu erwarten, daß sich eine gewisse Einengung der Verstädterten Zonen bei gleichzeitiger methodisch bedingter Ausweitung der Stadtregionsgrenzen im allgemeinen in einem Wachstum der Randzone bemerkbar machen würde.

Tabelle 1:

Merkmale und Schwellenwerte für die Abgrenzung von Stadtregionen 1950/1961 und 1970

Zonen der Stadtregionen	Verdichtungsmerkmal		Strukturmerkmal		Verflechtungsmerkmal			
	Bevölkerungsdichte (Einwohner/qkm)	Einwohner/ Arbeitsplatzdichte (Einwohner u. Erwerbstätige am Arbeitsort/ qkm)	Agrarquote (Landw. Erwerbspersonen in % aller Erwerbspersonen)		Anteil der in das Kerngebiet auspendelnden Erwerbspersonen an den			
					Erwerbspersonen insgesamt		Auspendlern insgesamt	
	1950/1961	1970	1950/1961	1970	1950/1961	1970	1950/61	1970
Kernstadt Ergänzungsgebiete Kerngebiete	> 500	> 600	< 10	—	•	•	•	•
Verstädterte Zonen	200—500	250—600	< 30	< 50	> 30	> 25	> 60	—
Randzonen 1. engere	—	250	< 50	< 50	> 20	> 25	> 60	—
2. weitere	—		50—65	< 50	> 20	> 25	> 60	—

Zusammenfassend ist also festzustellen, daß für die Abgrenzung der Stadtregionen 1970 ein neues Konzept entwickelt wurde, das sich nur noch auf drei statistische Merkmale stützt:

— das Verdichtungsmerkmal der Einwohner-/Arbeitsplatzdichte für die Gliederung in Zonen sowie

— das Strukturmerkmal der Agrarquote und das Verflechtungsmerkmal der Auspendlerquote für die äußere Abgrenzung der Stadtregionen.

Mit dieser Verminderung der Abgrenzungs- und Gliederungskriterien ging eine Änderung der Schwellenwerte Hand in Hand. Damit war ein Höchstmaß an Vereinfachung erreicht. Das Anliegen des sozio-ökonomischen Stadtregionskonzepts, Raumeinheiten abzugrenzen, deren Bevölkerung überwiegend von einer Tätigkeit außerhalb der Landwirtschaft lebt und zu einem erheblichen Teil ihre Existenzgrundlage in einem eine größere Stadt oder mehrere Städte umfassenden Agglomerationskern findet, ist im wesentlichen erhalten geblieben. Auch die seinerzeit festgelegte „Richtzahl" von mindestens 80 000 Einwohnern für die Ausweisung von Stadtregionen ist beibehalten worden. Es wurden aber eben auch einige neue Akzente gesetzt, die bei einem Vergleich mit früheren Abgrenzungsergebnissen nicht außer acht gelassen werden dürfen.

II. Die besondere Problematik der Abgrenzung 1970

Die Schwierigkeiten und Probleme der Stadtregionsabgrenzung 1970 resultierten aber keineswegs nur aus den neuen methodischen Ansätzen. Schwerwiegender waren diejenigen, die ihre Ursachen im administrativen Bereich hatten.

1. Die Auswirkungen der Verwaltungsgebietsreformen

Die Bausteine für die Abgrenzung von Stadtregionen sind die statistischen Daten für Gemeinden. Es war daher zu erwarten, daß die vor allem in der zweiten Hälfte der sechziger Jahre in nahezu allen Bundesländern angelaufene Verwaltungsgebietsreform nicht ohne Auswirkungen auf die Neuabgrenzung der Stadtregionen 1970 und ihre innere Gliederung sein würde. Auch der Vergleich der Abgrenzungsergebnisse mit denjenigen von 1950/1961 und die Fortschreibung der Stadtregionen würde durch sie beeinträchtigt werden. Die Schwierigkeiten mußten in einem direkten Verhältnis zu der Zahl der betroffenen Gemeinden bzw. zum Umfang der Gemeindezusammenlegungen und der Eingemeindungen in die Kernstädte stehen.

In welchem Maße diese administrativen Reformen die Zahl der Gemeinden reduziert hat, mögen die folgenden Angaben zeigen: Am 6. 6. 1961 (Volkszählung) gab es in der Bundesrepublik 24 500 kreisfreie Städte und kreisangehörige Gemeinden. Bis zum 27. 5. 1970 (Volkszählung) hatte sich ihre Zahl um 1991 Gemeinden auf 22 509 verringert, und bis zum 1. 1. 1975 ist sie sogar auf 11 009 Gemeinden gesunken.

Besonders umfassend war die Gebietsreform bis zur Volkszählung 1970 in Rheinland-Pfalz, doch waren hier die Auswirkungen auf die Neuabgrenzung von Stadtregionen relativ gering. Die Ursache hierfür liegt darin, daß man — im Gegensatz zu anderen Bundesländern — es hier vorgezogen hat, unterhalb der Kreisebene die Institution der Verbandsgemeinden mit mehreren verbandsangehörigen Gemeinden neben verbandsfreien Gemeinden zu schaffen. Auf diese Weise ist der Bestand der Gemeinden im wesentlichen erhalten und damit auch das engere Netz für das Dargebot statistischer Daten im großen und ganzen erhalten geblieben. Nur bei Kerngebietsgemeinden ist es zu nennenswerten Gemarkungserweiterungen gekommen.

Auch in anderen Ländern, insbesondere in Nordrhein-Westfalen und in Schleswig-Holstein, haben Kerngebietsgemeinden durch Eingemeindungen beträchtlich an Areal gewonnen (z. B. Bonn, Herford, Lüdenscheid, Siegen, Kiel, Neumünster). Daneben hat man bis zu diesem Stichtag vor allem auch in den Umlandzonen der Stadtregionen zahlreiche Großgemeinden geschaffen, so auch in Hessen.

Die Folgen dieser Verwaltungsgebietsreform wären nicht so gravierend, wenn dadurch nur Ergänzungsgebietsgemeinden in die Kernstädte einbezogen oder Gemeinden gleicher Struktur zu größeren administrativen Einheiten zusammengefaßt worden wären. Das ist jedoch nur in verhältnismäßig geringem Umfang geschehen. In vielen Fällen sind dagegen Gemeinden, die 1961 noch eindeutig zu einem Ergänzungsgebiet gehörten, mit dünner besiedelten, verstädterten Gemeinden zusammengelegt und dadurch Teile einer Verstädterten Zone geworden (z. B. Stadtregionen Bonn/Siegburg, Kassel). In anderen Fällen erhielten durch derartige Maßnahmen Randzonengemeinden den Rang von verstädterten Gemeinden oder sogar von Ergänzungsgebietsgemeinden (z. B. Stadtregion Osnabrück). Schließlich sind Gemeinden, die nach der Abgrenzung von 1961 noch außerhalb einer Stadtregion lagen, zu Teilen von Kerngebieten geworden (z. B. Trier/Konz). Die Zahl solcher Fälle hat sich in den jüngst vergangenen Jahren noch um ein Vielfaches vermehrt.

Damit erhebt sich nun aber die Frage, welche Bedeutung der Gemeinde als Baustein für die Stadtregion oder für andere vergleichbare Raumgliederungen noch beizumessen ist. Wie das Beispiel der Stadtregion Oldenburg i. O. schon 1961 lehrte, ist in einem Gebiet, in dem im Umland einer größeren Stadt nur Großgemeinden bestehen, schon die Festlegung der Außengrenzen einer Stadtregion äußerst schwierig, weil kaum eine von ihnen die geforderten Schwellenwerte als Ganzes erreicht. Bestimmte Wohnplätze in den angrenzenden Großgemeinden würden diesen Schwellenwerten jedoch mit Sicherheit entsprechen, falls dafür statistische Daten zur Verfügung stünden. Die Gliederung einer solchen Stadtregion ist nahezu unmöglich, wie sich auch 1970 wieder erwies.

Mögen auch die Stadtregionen Oldenburg i. O. und Wilhelmshaven besonders extreme Fälle sein, so bleibt doch als Fazit festzuhalten, daß eine fortschreitend zu größeren Gemeindeeinheiten führende Verwaltungsreform allenfalls noch die Abgrenzung einer Stadtregion, kaum aber eine den tatsächlichen Gegebenheiten entsprechende innere Gliederung nach Zonen gestattet. Die Lage könnte nur dadurch verbessert werden, daß von der amtlichen Statistik die Möglichkeit des Rückgriffs auf Daten für Gemeindeteile geboten wird. Eine Voraussetzung hierfür wäre allerdings, daß bei der Einteilung der Gemeindegebiete die bisherigen Gemeindegrenzen weitgehend erhalten bleiben.

Noch ein anderer Abgrenzungsaspekt, der zumindest zum Teil durch den Zusammenschluß von Gemeinden beeinflußt wird, bedarf einer Beachtung: das Zusammenwachsen benachbarter Stadtregionen. Ein besonders markantes Beispiel bietet das Stadtregionsband, das sich heute von Minden (Westf.) über Herford und Bielefeld bis nach Gütersloh erstreckt und im wesentlichen durch die Kerngebiete bestimmt wird. Diese durch die Bildung von Großgemeinden entstandene Situation läßt nur noch bei relativ wenigen Gemeinden die klare Zuordnung zu einer bestimmten Umlandzone zu. Das hat aber wiederum zur Folge, daß die Grenzen der Stadtregionen in solchen Fällen nicht immer eindeutig festgelegt werden können.

2. Das Problem der Dichtewerte

Es gibt wohl kaum ein Merkmal, das so häufig zur Abgrenzung und Gliederung von Raumeinheiten herangezogen wurde wie die Bevölkerungsdichte. Der Grund hierfür ist ohne Zweifel ihre nahezu überall und zu jeder Zeit gegebene Verfügbarkeit. Fast so alt wie die Verwendung dieses Kriteriums ist aber auch die Kritik an ihm. Bei der Heranziehung der Bevölkerungsdichte kann ja weder die oft sehr unterschiedliche Größe der Gemarkungen noch der Aspekt ihrer Besiedelbarkeit als Folge der topographisch-morphologischen und der ökologischen Verhältnisse berücksichtigt werden. Das führt dazu, daß bei annähernd gleicher Einwohnerzahl flächenreiche Gemeinden niedrigere Dichtewerte haben als Gemeinden mit kleineren Gemarkungen. Auch werden im bergigen Gelände die dort nicht selten auftretenden Verdichtungsbänder entlang der Talfurchen mit dem Maßstab der Bevölkerungsdichte nicht immer zu erkennen sein.

Auch werden sehr stark verstädterte Gemeinden mit großen nicht besiedelbaren Arealen, den in der Nachbarschaft von Kernstädten der Stadtregionen liegen, oft nicht der Zone zuzuordnen sein, der sie von der Struktur her eigentlich angehören; die Ursache ist eine verhältnismäßig niedrige Bevölkerungsdichte. So mußte der Verfasser bei der Abgrenzung der Stadtregionen 1961 in Hessen den damals geforderten Schwellenwert von 500 Einwohner/qkm für das Ergänzungsgebiet aufgrund eingehender Einzeluntersuchungen bei mehreren Gemeinden des Rhein-Main-Gebietes auf 450 Einwohner/qkm herabsetzen, um den Zufälligkeiten der Gemarkungsgröße in dieser Zone wenigstens in etwa begegnen zu können.

Die von einer Mehrheit des Forschungsausschusses „Raum und Bevölkerung" 1967 beschlossene Einbeziehung auch der Beschäftigten bzw. der Erwerbspersonen am Arbeitsort in das Dichtekriterium hat nun diese Problematik noch verschärft. In der kombinierten Bevölkerungs-/Arbeitsplatzdichte (EAD) wird ja ein doppelter Bezug zur Fläche hergestellt, die Bezugsgröße „Fläche" erhält also ein verstärktes Gewicht.

Ein besseres Maß würde nur zu erhalten sein, wenn man die Einwohner und die Arbeitsplätze zur potentiell besiedelbaren Fläche einer Gemeinde in Beziehung setzen könnte. Dabei wären sowohl Gebiete auszuscheiden, die für eine Besiedlung aus rechtlichen oder anderen Gründen von vornherein nicht in Betracht kommen, wie auch solche, bei denen keine wirtschaftliche Erschließung möglich ist. Entsprechend für alle Gemeinden verfügbare Daten stehen jedoch heute noch nicht zur Verfügung. Neue Wege mag hier eine künftige automatisierte Katasterführung mit der dabei zu gewinnenden Katasterstatistik nach einem erweiterten Katalog von Nutzungsarten weisen.

Es ist zwar richtig, daß auch eine Verdichtung von Arbeitsplätzen in einer Gemeinde die Bereitstellung gewisser Flächen erforderlich macht. Damit ist aber noch keineswegs ein verbindlicher Schluß auf einen erhöhten Verstädterungsgrad zu ziehen. Das trifft vor allem für industrielle Arbeitsplätze zu. Gerade heute, wo sich die Struktur auch des ländlichen Raumes durch das Schaffen solcher Arbeitsplätze oft nachhaltig verändert hat, können sie nicht immer als Indiz für eine Verstädterung gelten, eher schon für eine „Vergewerblichung". Es ist daher die Frage zu stellen, ob die durch die Anwendung der EAD bewirkte Ausweitung der Ergänzungsgebiete in Richtung der Verstädterten Zonen den tatsächlichen Gegebenheiten voll Rechnung tragen kann.

Wenn aber aus wohlerwogenen Gründen ein Merkmal für die Zusammenballung industriell-gewerblicher Arbeitsplätze in das Gliederungsinstrumentarium aufgenommen werden sollte, dann wäre dieses Ziel auch ohne einen Flächenbezug möglich gewesen. Es wäre z. B. an eine „Beschäftigtenquote" oder an einen ähnlichen Wert zu denken.

Schließlich hat die Anwendung der kombinierten Einwohner-/Arbeitsplatzdichte als Gliederungskriterium dazu geführt, daß die Grundkonzeption der Stadtregionen als sozio-ökonomische Raumeinheiten mehr in die Richtung einer „Verdichtungsraum"-konzeption gerückt wurde. In vielen Stadtregionen ist diese Tendenz durch die Verwaltungsgebietsreform noch verstärkt worden.

Alle die hier angesprochenen Aspekte werden in die Überlegungen zu einer Fortentwicklung des Stadtregionskonzeptes einzubringen sein. Das Konzept der Stadtregionen ist nicht überholt; es müssen aber Wege gesucht werden, es den veränderten Gegebenheiten anzupassen.

D. Die Hauptergebnisse der Abgrenzung 1970

Es wird nun im folgenden zu prüfen sein, zu welchen Ergebnissen die „Fortschreibung" des Stadtregionskonzeptes bei der Abgrenzung dieser Raumeinheiten auf der Basis der Volkszählungsdaten von 1970 geführt hat.

I. Zahl und Größe der Stadtregionen

Gegenstand der Untersuchungen waren die 68 Stadtregionen des Jahres 1961 und die damals ausgewiesenen Städte über 50 000 Einwohner, die als Kerne potentieller Stadtregionen anzusprechen waren. Hinzu kamen noch einige Städte, deren Einwohnerzahl vor allem im Zuge der Verwaltungsgebietsreform stark gewachsen war.

Die Zahl der Stadtregionen 1961 und 1970

Zahl der Stadtregionen 1961	68
davon	
bis 1970 mit anderen Stadtregionen zu neuen Raumeinheiten zusammengewachsen	4
bis 1970 neu entstandene Stadtregionen	8
Zahl der Stadtregionen 1970	72

1. Das räumliche Wachstum

Es zeigte sich zunächst, daß alle 1961 abgegrenzten Stadtregionen ihren Status erhalten und ihr Areal z. T. erheblich erweitert hatten. Diese auf verschiedene Faktoren zurückzuführende Ausweitung hat jedoch in drei Gebieten zur Verschmelzung mehrerer benachbarter Stadtregionen geführt. Es ist dies der Fall bei Koblenz und Neuwied, bei Mannheim/Ludwigshafen, Heidelberg und Worms sowie bei Nürnberg/Fürth und Erlangen. Da also vier früher eigenständige Raumeinheiten in anderen aufgegangen sind, können in den Vergleichstabellen am Schluß des Bandes nur noch 64 der 1961 ermittelten Stadtregionen als selbständig ausgewiesen werden. Von den ehemals nur potentiellen Stadtregionen mußte jedoch vier der Status einer eigenständigen Region zuerkannt werden (Celle, Emden, Goslar, Marburg). Gütersloh wurde Teil der Stadtregion Bielefeld, und Tübingen wuchs mit Reutlingen zu einer doppelkernigen Region zusammen. Schließlich hatten sich um Aalen, Ravensburg, Schwenningen/Villingen und um Zweibrücken/Homburg neue Verdichtungsräume gebildet. So ergab sich für 1970 für das gesamte Bundesgebiet (ohne Berlin-West) per saldo eine Zahl von 72 Stadtregionen.

Von den Stadtregionen hatten

	1961	1970
nur eine Kernstadt	56	56
zwei Kernstädte	10	11
drei Kernstädte	1	3
mehr als drei Kernstädte	1	2
	68	72

Die Areale dieser Stadtregionen bedecken ein Gebiet von 64 772 qkm, d. s. 26,1 %/o der Fläche des Bundesgebietes. Sie waren damit gegenüber der Abgrenzung von 1961 um 21 733 qkm oder 50,5 %/o gewachsen. In der Zeit zwischen 1950 und 1961 hatte sich die von den Stadtregionen eingenommene Fläche nur um 13 168 qkm, d. s. 44,9 %/o erweitert. Das starke Flächenwachstum ist nur zum geringen Teil auf die methodischen Faktoren und die Verwaltungsgebietsreform zurückzuführen. Entscheidend ist vielmehr der lebhafte Verstädterungsprozeß auch in Räumen, die 1961 noch ländlich geprägt waren. Er äußert sich im sozio-ökonomischen Bereich u. a. in einer Veränderung der Erwerbstätigkeit und in einer beträchtlichen Steigerung der Pendelwanderung in den Umlandzonen der Stadtregionen.

Die kartographische Darstellung der Stadtregionen zeigt einige weitere interessante Aspekte ihrer räumlichen Entwicklung: In den Mittelgebirgslandschaften, in denen diese sozio-ökonomischen Einheiten 1961 vornehmlich noch die Talböden und die Hänge einnahmen, sind nun auch die umliegenden Höhengemeinden einbezogen worden. Auf diese Weise sind namentlich im süddeutschen Raum über Höhenstufen und Hochflächen hinweg Schritte zur Bildung von neuen Großagglomerationen getan worden.

Das älteste und markanteste Beispiel für eine in sich eng verflochtene Großagglomeration bietet die nicht mehr im üblichen Sinne als Stadtregion zu bezeichnende Rhein-Ruhr-Agglomeration, die mit ihren heute festgelegten Grenzen im Osten bis nahe an Hamm, im Westen über Neuss hinaus und rheinaufwärts bis südlich Köln reicht. Sie umfaßt ein Areal von 7 868 qkm. Wie das Kartenbild zeigt, grenzen aber auch die Kerngebiete der Stadtregionen Hamm, Lüdenscheid, Mönchengladbach/Rheydt/Viersen und Bonn/Siegburg unmittelbar an diesen großen Verdichtungsraum. Faßt man sie mit dem Rhein-Ruhr-Raum zusammen, dann deckt allein diese erweiterte Großagglmeration ein Areal von 9 934 qkm ab, d. s. 29,2 %/o des Landes Nordrhein-Westfalen.

Die zweite Stelle unter den Großagglomerationen nimmt der Raum am unteren Main und an der Mainmündung ein. Hier stoßen die Kerngebiete der z. T. nur schwer zu trennenden Stadtregionen Frankfurt/Offenbach (2 468 qkm) Wiesbaden/Mainz (1 460 qkm), Darmstadt (570 qkm) und Aschaffenburg (364 qkm) aneinander. Das Gebiet dieser vier Stadtregionen deckt eine Fläche von 4 862 qkm ab. — Die beiden Beispiele lassen ebenso wie die um die Stadtregionen Stuttgart (2 499 qkm), Göppingen (570 qkm) und Reutlingen/Tübingen (562 qkm) entstandene Neckar-Agglomeration (3 631 qkm) bereits ein weiteres Verdichtungsphänomen erkennen: Die Großagglomerationen und die benachbarten Stadtregionen füllen immer mehr die traditionellen Verdichtungsbänder aus, die sich an den Nordsaum der deutschen Mittelgebirge anlehnen und über das rheinisch-westfälische Industriegebiet einerseits bis in den Aachener Raum, andererseits über Koblenz/Neuwied und das Rhein-Main-Gebiet in die Oberrheinische Tiefebene ziehen. Von hier geht ein Seitenzweig durch den südlichen Kraichgau in das Neckartal und dessen Nebentäler. Schon heute sind diese Verdichtungszonen auf weite Strecken identisch mit Stadtregionsbändern. Es kann nun kaum noch wundernehmen, daß sich viele der in Verdichtungsbändern liegenden Stadtregionen durch einen besonders starken absoluten und/oder relativen Flächenzuwachs auszeichnen.

2. Die Bevölkerungsentwicklung in den Stadtregionen

Leider lassen sich die manchmal schwer überschaubaren Veränderungen im Bestand der Stadtregionen nicht so durchleuchten, wie das 1961 möglich war. Damals wurde zu Vergleichszwecken sowohl die Abgrenzung 1950 mit den Daten von 1961 fortgeschrieben als auch die Abgrenzung 1961 mit dem Zahlenmaterial von 1950 „rückgeschrieben". Ein entsprechendes Verfahren war im Rahmen der Abgrenzung von 1970 nicht möglich. So kann sich also auch eine Untersuchung der Bevölkerungsentwicklung in den Stadtregionen nur auf einen einfachen Vergleich der neuen Abgrenzungsergebnisse mit denen von 1961 erstrecken. In Anbetracht der methodischen und administrativen Änderungen müssen die Ergebnisse naturgemäß mit einem gewissen Vorbehalt aufgenommen werden.

Tabelle 2:

Entwicklung von Fläche und Bevölkerung der Stadtregionen 1961—1970 nach dem jeweiligen Konzept

	Abgrenzung		Veränderungen 1961/70	
	1961	1970	absolut	%
Fläche (qkm)	43 039	64 772	+ 21 733	+50,5
Einwohnerzahl	30 296 492	37 065 791	+6 769 299	+22,3

Wie die vorstehende Tabelle zeigt, liegt die Bevölkerungszunahme in den Stadtregionen zwischen 1961 und 1970 mit 22,3 % erheblich unter ihrem relativen Flächenzuwachs. Bei der Wertung dieser recht unterschiedlichen Zuwachsraten ist zu bedenken, daß die große Bevölkerungskonzentration auf den im Vergleich zu ihr relativ kleinen Flächen der Kerngebiete die Durchschnittswerte für die Entwicklung der Stadtregionen insgesamt sehr stark beeinflußt. Es ist aber auch zu erkennen, daß bei ihrer räumlichen Ausweitung vor allem die Vergrößerung der dünner bevölkerten Randzonen eine entscheidende Rolle spielte. Schließlich ist nicht zu übersehen, daß sich die Einwohnerzahl dieser Raumeinheiten stärker erhöht hat als die Bevölkerung des Bundesgebietes insgesamt. Wie unterschiedlich die Bevölkerungsentwicklung in diesem Zeitraum in den Verdichtungsräumen und außerhalb von ihnen verlaufen ist, zeigen die folgenden Zahlen:

Bevölkerungsentwicklung im Bundesgebiet (ohne Berlin-West)
+5 555 300 Personen = +10,3 %
Bevölkerungsentwicklung in den Stadtregionen
+6 769 300 Personen = +22,3 %
Bevölkerungsentwicklung in den
außerhalb von Stadtregionen liegenden Gebieten —1 214 000 Personen = — 5,1.

Der Anteil der Stadtregionsbevölkerung an der Bevölkerung des Bundesgebietes ist also weiterhin gewachsen. Betrug er 1950 nur 51,2 %, so stieg er bis 1961 auf 56,1 % und lag 1970 bereits bei 62,3 %.

Naturgemäß entfällt der größte Teil der Bevölkerungszunahme auf die großen Stadtregionen. Tabelle 3 zeigt ihre Rangordnung 1970 und 1961. Sie hat keine gravierenden Änderungen erfahren. Die wesentlichste ist das Vorrücken der Städteregion Rhein-Neckar vom neunten auf den sechsten Platz. Es ist dies eine Folge der schon erwähnten Einbeziehung der 1961 noch selbständigen Stadtregionen Heidelberg und Worms. In diesen zehn Stadtregionen lebten 1970 fast 23,1 Mio. Menschen, also mehr als sechs Zehntel der in einem solchen Verdichtungsraum wohnenden Personen.

Tabelle 3:

Die 10 größten Stadtregionen nach der Abgrenzung von 1961 und 1970

	Abgrenzung 1961			Abgrenzung 1970	
Rang Nr.	Stadtregion	Einwohner 1961	Rang Nr.	Stadtregion	Einwohner 1970
1	Rhein-Ruhr	9 069 889	1	Rhein-Ruhr	9 905 616
2	Hamburg	2 187 837	2	Hamburg	2 321 706
3	Frankfurt/Offenbach	1 474 847	3	Stuttgart	1 932 508
4	Stuttgart	1 469 021	4	Frankfurt/Offenbach	1 855 113
5	München	1 449 772	5	München	1 833 380
6	Hannover	853 260	6	Rhein-Neckar	1 408 634
7	Bremen	812 596	7	Hannover	1 085 744
8	Nürnberg/Fürth	812 453	8	Nürnberg/Fürth/Erlangen	1 069 841
9	Mannheim/Ludwigshafen	801 964	9	Bremen	884 050
10	Wiesbaden/Mainz	635 802	10	Wiesbaden/Mainz	788 859

Untersucht man nun den Bevölkerungszuwachs der Stadtregionen in der Zeit von 1961 bis 1970 im einzelnen, dann zeigen sich recht interessante Differenzierungen gegenüber der vorangegangenen Beobachtungsperiode[9]). Wegen des unterschiedlichen Gebietsstandes kann ein solcher Vergleich natürlich nur mit einem gewissen Vorbehalt durchgeführt werden. — Es fällt zunächst auf, daß die Spitzengruppe der vier wachstumsstärksten Regionen sich in ihrer Rangfolge kaum verändert hat. Allerdings ist die absolute Bevölkerungszunahme in der Rhein-Ruhr-Agglomation um mehr als die Hälfte geringer als in der Zeit von 1950 bis 1961! Dementsprechend ist auch der prozentuale Zuwachs äußerst gering. Insgesamt hat sich die Einwohnerzahl dieser vier Stadtregionen um rd. 2 063 000 Personen erhöht.

In den folgenden Rängen haben sich aber einige markante Umschichtungen vollzogen. So ist Hamburg infolge eines gleichfalls um die Hälfte reduzierten Zuwachses vom fünften auf den 12. Platz zurückgefallen. Mit nur 6,1 % hat diese Region die zweitniedrigste Zunahmerate unter allen Stadtregionen. Dagegen haben die Regionen Bielefeld, Herford sowie Saarbrücken/Völklingen ihren Bevölkerungsgewinn ganz erheblich vergrößern können. Sie zeichnen sich auch durch eine z. T. sehr hohe relative Zunahme aus. Es handelt sich bei ihnen um Gebiete, die schon seit langem einen hohen Grad der „Vergewerblichung" auch im Umland der Kernstädte erreicht haben. Die starke Zunahme im Raum Reutlingen/Tübingen dürfte vor allem auf die Aufnahme einer weiteren Kernstadt mit ihrem Umland zurückzuführen sein. Auch in der Dreistädteregion Mönchengladbach/Rheydt/Viersen sowie in den Regionen Hamm und Göppingen ist die Zunahme der Einwohnerzahl im Untersuchungszeitraum beträchtlich höher als in der vorangegangenen Periode. Es sind dies Gebiete, die in der Nachbarschaft großer Agglomerationen liegen.

---

[9]) Vgl. hierzu O. BOUSTEDT: Die Stadtregionen in der Bundesrepublik Deutschland im Jahre 1961. In: Forschungs- und Sitzungsberichte der Akademie für Raumforschung u. Landesplanung, Bd. XXXII, S. 10—20, Hannover 1967.

Tabelle 4:

Die Stadtregionen 1970 nach der absoluten Höhe ihres Bevölkerungszuwachses*)

Rang-Nr.	Stadtregion	Einwohner 1970	Zunahme 1961—1970 absolut	%
1	Rhein-Ruhr	9 905 616	835 727	9,2
2	Stuttgart	1 932 508	463 487	31,6
3	München	1 833 380	383 608	26,4
4	Frankfurt/Offenbach	1 855 113	380 266	25,8
5	Rhein-Neckar	1 408 634	284 164	25,3
6	Hannover	1 085 744	232 484	27,2
7	Bielefeld	517 985	196 484	61,1
8	Herford	285 078	162 775	133,1
9	Nürnberg/Fürth/Erlangen	1 069 841	154 936	16,9
10	Wiesbaden/Mainz	788 859	153 057	24,1
11	Reutlingen/Tübingen	273 665	140 258	105,1
12	Hamburg	2 321 706	133 869	6,1
13	Saarbrücken/Völklingen	509 807	126 546	33,0
14	Aachen	538 599	93 788	21,1
15	Mönchengladbach/Rheydt/Viersen	462 280	91 892	24,8
16	Karlsruhe	506 624	89 051	21,3
17	Hamm	241 192	83 319	52,8
18	Göppingen	218 491	81 800	59,8

*) Nach der jeweiligen Abgrenzung.

Die 18 in Tabelle 4 aufgenommenen Regionen hatten insgesamt eine Bevölkerungszunahme von 4 087 500 Einwohner. D. s. 60,4 % des Bevölkerungswachstums aller Stadtregionen. Dieser Prozentsatz liegt erheblich niedriger als derjenige für 18 Stadtregionen mit der größten Bevölkerungszunahme in der Zeit von 1950 bis 1961 (81,9 %). Hier zeigt sich, daß im jüngsten Beobachtungszeitraum auch viele der übrigen, namentlich kleineren Regionen beachtliche Gewinne erzielen konnten. Als Beispiele seien hier lediglich noch die folgenden vier Raumeinheiten mit hohem relativen Bevölkerungszuwachs genannt: Lüdenscheid = 77,8 %, Saarlouis/Dillingen = 68,9 %, Düren = 63,2 %, Wolfsburg = 57,5 %.

II. Die Entwicklung der inneren Gliederung der Stadtregionen

Die Erörterung der methodischen Fragen und der allgemeine Überblick über die Entwicklung der Stadtregionen haben bereits erkennen lassen, daß hinter den Ergebnissen der Abgrenzung und der inneren Gliederung recht komplexe Vorgänge stehen. Die folgenden Ausführungen sollen nun ein Bild von den sehr differenzierten Entwicklungen in den einzelnen Zonen der Stadtregionen vermitteln.

1. Die Kernstädte und ihre Ergänzungsgebiete

Wie schon bei der Abgrenzung 1961 entfallen auch bei der neuen Abgrenzung auf die Kerngebiete rd. drei Zehntel der von den Stadtregionen eingenommenen Fläche und acht Zehntel der Einwohnerzahl dieser Regionen. Innerhalb der Kerngebiete haben sich jedoch zwischen den beiden Abgrenzungen einige Veränderungen vollzogen. Zunächst ist das Areal aller Kernstädte um rd. 1500 qkm auf 9804 qkm gewachsen, d. s. 18,1 %. Diese Zunahme ist die Folge von Eingemeindungen. Von nennenswerten Eingemeindungen sind aber nur 27 der schon 1961 nachgewiesenen Kernstädte betroffen. Die Schwerpunkte liegen in Nordrhein-Westfalen (z. B. Bonn/Siegburg = +112 qkm, Lüdenscheid = +75 qkm, Mönchengladbach/Rheydt/Viersen = +58 qkm, Herford = +54 qkm) und in Rheinland-Pfalz (z. B. Koblenz/Neuwied = +149 qkm, Trier = +59 qkm, Kaiserslautern = +43 qkm). Trotz dieses Flächenzuwachses ist aber der Anteil der Kernstädte an dem Gesamtareal der Regionen zugunsten der Ergänzungsgebiete und der Randzonen gesunken.

Die von den Ergänzungsgebieten eingenommenen Flächen sind nämlich um mehr als neun Zehntel gewachsen, obgleich manche 1961 noch selbständigen Ergänzungsgebietsgemeinden in die Kernstadt eingemeindet wurden. Andere Gemeinden haben durch Zusammenlegung mit weniger verstädterten Gemeinden statistisch den Charakter einer Ergänzungsgebietsgemeinde verloren. Bis zur Volkszählung 1970 hatten die Ergänzungsgebiete die Kernstädte flächenmäßig überflügelt. Hier hat sich nicht nur die Anwendung des neuen Kriteriums der kombinierten Einwohner-/Arbeitsplatzdichte ausgewirkt. In gleicher Weise schlägt sich auch der in den Verdichtungsräumen, und zwar besonders in der Nachbarschaft der Kernstädte, wirksam gewordene starke Konzentrations- und Kontraktionsprozeß nieder.

Die skizzierte Situation wird durch die Bevölkerungsentwicklung unterstrichen. Im Jahre 1970 lebten in den Kerngebieten über 21 079 000 Menschen; das entspricht einer Zunahme seit 1961 von 1 190 000 Einwohnern oder 6,0 %. Zwischen 1950 und 1960 hatten die Kernstädte dagegen eine Zuwachsrate von 23,0 %. Ihr Anteil an der Bevölkerung aller Stadtregionen ging jedoch von 65,6 % im Jahre 1961 auf nunmehr 56,9 % zurück. Diese Minderung des demographischen Gewichts ist zum Teil auf den Rückgang oder auf das Stagnieren der Einwohnerzahlen dieser Städte bzw. Kernstadtgruppen oder auf eine nur sehr geringe Bevölkerungszunahme zurückzuführen.

Allein bei 15 der schon 1961 bestehenden und hier gesondert nachgewiesenen 64 Regionskernstädte ergab sich ein Schwund der Einwohnerzahlen. Bei vier Städten stagnierte die Bevölkerung, und sieben Kernstädte hatten ein im allgemeinen unter 3 % liegendes Wachstum. Aber auch die recht starke absolute und/oder relative Zunahme in 23 Kernstädten täuscht vielfach über die tatsächliche Entwicklungssituation. Allein bei 17 von ihnen ist das Bevölkerungswachstum allein oder doch zu einem wesentlichen Teil durch mehr oder weniger umfangreiche Eingemeindungen bedingt. Als Beispiele seien hier nur Bonn/Siegburg, Göttingen, Hamm, Koblenz/Neuwied und Mönchengladbach/Rheydt/Viersen genannt. Um so bemerkenswerter sind die wenigen Fälle, bei denen keine oder nur ganz unbedeutende Vergrößerungen des Gemarkungsareals zu verzeichnen sind, die aber trotzdem ihre Einwohnerzahl beachtlich erhöht haben. Zu ihnen gehören Freiburg, Gießen, Heilbronn, München, Neumünster und Wolfsburg. Das letztere Beispiel zeigt auch, welch' starken Einfluß die Zuwanderung von Ausländern auf die Bevölkerungsentwicklung gerade der Kernstädte ausgeübt hat.

Die räumliche Ausweitung der Ergänzungsgebiete hat ihren Niederschlag in der starken Bevölkerungszunahme dieser Zone gefunden. Sie errechnet sich auf 3 541 000 Personen oder 70,3 %. Für die Zeit zwischen 1950 und 1960 ergab sich dagegen nur ein Zuwachs von 30,0 %. Zum Zählungsstichtag 1970 lebten über 8 579 000 Menschen in diesen Gebieten, das entspricht einem Anteil an der Regionsbevölkerung insgesamt von 21,1 %. Eine Vorstellung von der Intensität des demographischen Verdichtungsvorganges erhält man, wenn man die Bevölkerungszunahme in den Ergänzungsgebieten in Beziehung zu derjenigen der Stadtregionen insgesamt setzt. Es zeigt sich dann, daß mehr als die Hälfte von ihr auf diese Zone entfällt! Dieses Bild ändert sich auch dann kaum, wenn man die Stadtregionen Flensburg, Göttingen, Kaiserslautern, Lüneburg und Oldenburg i. O., die keine Ergänzungsgebiete haben, außer Betracht läßt. — Neun der schon 1961 abgegrenzten Stadtregionen haben erstmalig ein — wenn auch noch sehr kleines — Ergänzungsgebiet.

Die Regionaluntersuchungen lassen erkennen, daß ein Teil der Bevölkerungszunahme in den Ergänzungsgebieten eindeutig zu Lasten der Verstädterten Zone gegangen ist, deren Verkleinerung ja methodisch vorgeplant war. Das dürfte z. B. der Fall sein bei den Stadtregionen Aschaffenburg, Ingolstadt, Regensburg und Schweinfurt. Sehr häufig haben aber auch die Ergänzungsgebietsgemeinden erhebliche Bevölkerungszugänge gehabt.

Es sei noch angemerkt, daß in drei Fällen die Ergänzungsgebiete einen Bevölkerungsverlust hatten. Bei Bonn/Siegburg wurde ein Teil der ehemaligen Ergänzungsgebietsgemeinden in die Bundeshauptstadt eingemeindet, und einige andere mußten infolge Zusammenlegung mit anderen Gemeinden zur Verstädterten Zone geschlagen werden. Der Rückgang der Einwohnerzahl belief sich auf 153 726 Personen. Die beiden Ergänzungsgebietsgemeinden von Kaiserslautern wurden in die Kernstadt einbezogen, und bei Basel/Lörrach wirkte sich die Umstufung der Stadt Lörrach als Kernstadt aus.

2. Die Verstädterten Zonen

Ein besonderes Kennzeichen der Stadtregionsabgrenzung 1970 ist die schon erwähnte Verkleinerung der Verstädterten Zonen. Diese Gebiete nahmen 1961 noch eine Fläche von 15 852 qkm ein. Bei der Abgrenzung 1970 wurden nur noch Gemeinden mit einer Gesamtfläche von 12 979 qkm, also 2873 qkm weniger (—18,1 %) als 1961, diesen suburbanen Zonen zugeordnet. Damit entfielen nur noch 20,0 % der Summe aller Stadtregionsareale auf sie. Allerdings ist das Gebiet der Verstädterten Zonen insgesamt immer noch etwas größer als das der Ergänzungsgebiete.

Nun haben aber keineswegs alle Verstädterten Zonen eine Schrumpfung ihres Areals erfahren. Bei drei Stadtregionen ist eine relativ geringe, bei 14 jedoch eine z. T. beträchtliche Zunahme der Fläche dieser Zonen zu registrieren. Die größte absolute Zunahme hatten die Verstädterten Zonen der Stadtregionen

Bonn/Siegburg	= 267 qkm
Mönchengladbach/Rheydt/Viersen	= 172 qkm
Siegen	= 123 qkm
Bielefeld	= 120 qkm
Wiesbaden/Mainz	= 109 qkm
Saarlouis/Dillingen	= 91 qkm
Saarbrücken/Völklingen	= 76 qkm

Es sind dies vorzugsweise Gebiete, in denen eine Verwaltungsgebietsreform durchgeführt wurde.

Keine Verstädterte Zone gibt es lediglich in der neuen Region Emden und im Oldenburger Raum. Im letzten Fall gestatten es die statistischen Daten für Großgemeinden nicht, stärker zu differenzieren. Es ist aber mit Sicherheit anzunehmen, daß es auch hier Siedlungskomplexe gibt, denen der Status einer Gemeinde der Verstädterten Zone zuzuerkennen wäre.

Der per saldo festzustellende Rückgang in der räumlichen Ausdehnung der Verstädterten Zonen hat sich aber keineswegs in einer vergleichsweise ähnlich starken Minderung der Einwohnerzahlen niedergeschlagen. Diese Zonen haben im Untersuchungszeitraum zusammengenommen sogar ein Wachstum von immerhin noch 321 465 Personen (= 8,4 %) aufzuweisen. Ihr demographisches Gewicht hat sich gegenüber 1961 also nur geringfügig verändert.

Von den schon 1961 abgegrenzten 64 Stadtregionen (Abgrenzungsgebietsstand 1970) hatten nur 20 starke Bevölkerungseinbußen und nur neun geringe Abnahmen in den Verstädterten Zonen erfahren. Auch diese Entwicklung unterstreicht wieder die Tatsache, wie intensiv die Suburbanisierung im Umland der Agglomerationskerne in den sechziger Jahren war.

Tabelle 5:

Entwicklung von Fläche und Bevölkerung in den Stadtregionszonen

Zonen Jahr	Fläche		Bevölkerung	
	qkm	% der Gesamtfläche bzw. -veränderung	Anzahl	% der Gesamtbevölkerung bzw. -veränderung
Kernstädte				
1961	8 302	19,3	19 888 783	65,6
1970	9 804	15,1	21 079 136	56,9
Veränderung				
Anzahl	1 502	6,9	1 190 353	17,6
%	18,1		6,0	
Ergänzungsgebiete				
1961	5 435	12,6	5 037 984	16,6
1970	10 572	16,3	8 579 422	23,1
Veränderung				
Anzahl	5 137	23,6	3 541 438	52,3
%	94,5		70,3	
Kerngebiete				
1961	13 737	31,9	24 926 767	82,3
1970	20 376	31,4	29 658 558	80,0
Veränderung				
Anzahl	6 639	30,5	4 731 791	69,9
%	48,3		19,0	

Noch Tabelle 5:
Entwicklung von Fläche und Bevölkerung in den Stadtregionszonen

Zonen Jahr	Fläche		Bevölkerung	
	qkm	% der Gesamtfläche bzw. -veränderung	Anzahl	% der Gesamtbevölkerung bzw. -veränderung
Verstädterte Zonen				
1961	15 852	36,8	3 793 696	12,5
1970	12 979	20,0	4 115 161	11,1
Veränderung				
Anzahl	—2 873	—13,2	321 465	4,7
%	—18,1		8,4	
Randzonen				
1961	13 446	31,2	1 576 029	5,2
1970	31 417	48,5	3 292 072	8,9
Veränderung				
Anzahl	17 971	82,7	1 716 043	25,4
%	133,7		108,9	
Umlandzonen				
1961	29 298	68,1	5 369 725	17,7
1970	44 396	68,5	7 407 233	20,0
Veränderung				
Anzahl	15 098	69,5	2 037 508	30,1
%	51,5		37,9	
Stadtregionen insgesamt				
1961	43 039	100	30 296 492	100
1970	64 772	100	37 065 791	100
Veränderung				
Anzahl	21 733	100	6 769 299	100
%	50,5		22,3	

3. Die Randzonen

Mit 31 447 qkm (= 48,5 %) nehmen die Randzonen das weitaus größte Areal unter den Zonen der Stadtregionen ein. Im Jahre 1961 hatten sie mit 13 446 qkm oder 31,2 % dagegen den kleinsten Anteil. Das Flächenwachstum errechnet sich also auf 17 971 qkm, das sind 133,7 %! Diese wenigen Zahlen sind kennzeichnend für den grundlegenden Wandel, der sich in diesem Bereich während des Untersuchungszeitraumes vollzogen hat.

Es gibt heute — von dem Sonderfall Lüdenscheid abgesehen — keine Stadtregion mehr, die nicht eine mehr oder weniger deutlich ausgebildete Randzone besitzt. Diese

Zonen haben sich vor allem in Stadtregionen außerhalb der großen Agglomerationsräume so ausgedehnt, daß sie vielfach benachbarte Regionen berühren. Das ist etwa der Fall in den Räumen Unterweser—Oldenburg, Kiel—Neumünster, Wolfsburg—Braunschweig—Goßlar, Celle—Hannover—Hildesheim, Münster—Hamm, Marburg—Gießen—Wetzlar, Göppingen—Aalen—Heidenheim, Ulm—Neu-Ulm. Wie bereits erwähnt, sind damit in diesen Gebieten zumindest teilweise die Voraussetzungen für das Entstehen neuer Großagglomerationen gegeben.

In den drei Stadtregionen Bonn/Siegburg, Herford, Mönchengladbach/Rheydt/Viersen sind die Randzonen flächenmäßig geschrumpft. Hier haben sich wiederum die umfangreichen administrativen Gebietsreformen ausgewirkt.

Solche Reformen sind gelegentlich auch die Ursache für ein nur relativ geringes Flächenwachstum dieser Zonen.

Das Ausmaß der räumlichen Ausdehnung der Randzonen zeigen auch die folgenden Daten: Nach Absetzen der eben genannten vier Stadtregionen verbleiben noch 60 der seit 1961 bestehenden Stadtregionen, bei denen sich das Areal der Randzonen vergrößert hat. Nur neun von ihnen hatten einen unter 50 % liegenden Flächenzuwachs, 14 wiesen einen Satz zwischen 50 und 100 % auf. In 41 Fällen hatten sich dagegen die Flächen weit mehr als verdoppelt.

Auch in der Entwicklung der Einwohnerzahlen kommt die veränderte Situation sehr deutlich zum Ausdruck. Zwischen 1950 und 1961 belief sich die durchschnittliche Gesamtzunahme dieser Teilzonen aller Stadtregionen auf nur 0,23 %. Von 1961 bis 1970 errechnet sich jedoch eine Rate von 108,9 % (+1 716 000 Personen). Außer bei den vier Stadtregionen mit einer Verkleinerung bzw. mit einem Verlust der Zonenfläche haben nur noch Wiesbaden/Mainz (—10,0 %) und Wilhelmshaven (—6,8 %) einen Bevölkerungsrückgang in ihren Randzonen zu registrieren.

Wie Tabelle 6 zeigt, ergeben sich z. T. erstaunliche Zuwachsraten; sie haben verschiedene Ursachen (z. B. Umstufungen aus anderen Zonen, echte Erweiterungen der Randzonen).

Tabelle 6:

Die Stadtregionen mit den höchsten relativen Zunahmen in der Randzone

Stadtregion	Bevölkerungszunahme 1961—1970	
	Anzahl	%
Düren	38 269	7778,3
Aachen	15 111	999,5
Flensburg	35 798	751,1
Lübeck	21 730	707,6
Göppingen	28 550	556,6
Siegen	17 466	513,3
Kaiserslautern	43 277	501,9
Saarbrücken/Völklingen	19 937	468,0
Osnabrück	35 298	465,0
Hamm	7 006	308,9

Noch Tabelle 6:

Stadtregion	Bevölkerungszunahme 1961—1970	
	Anzahl	%
Braunschweig/Wolfenbüttel	47 127	279,3
Heidenheim	25 874	264,2
Trier	38 316	261,2
Münster	62 624	259,3
Darmstadt	15 402	249,0
Oldenburg	53 113	217,0
Saarlouis/Dillingen	15 119	206,7
Hildesheim	28 764	199,0

Der extreme Wert für Düren kommt dadurch zustande, daß 1961 nur 492 Einwohner in der einzigen Randzonengemeinde lebten; 1970 waren es aber 38 761 Personen in 11 Gemeinden.

Bemerkenswert ist die Tatsache, daß die vorstehenden 18 Stadtregionen keinesfalls zu den bevölkerungsreichsten gehören und sechs von ihnen (Aachen, Flensburg, Lübeck, Braunschweig/Wolfenbüttel, Hildesheim und Oldenburg) in der Zeit von 1950—1961 in diesen Zonen sogar einen Einwohnerverlust in Kauf nehmen mußten.

Die beachtliche Zunahme der Einwohnerzahl darf nicht darüber hinwegtäuschen, daß sich in den Randzonen der Suburbanisierungsprozeß nicht in einer ausgesprochenen Verdichtung bemerkbar macht. Im Vordergrund der Entwicklung steht hier die Intensivierung der sozio-ökonomischen Verflechtungen, im Stadtregionsmodell durch die Verstärkung der Pendlerbeziehungen zum Ausdruck gebracht. Die Randzonen heben sich also als strukturell und funktional recht charakteristische Bereiche von den übrigen Regionszonen deutlich ab.

E. Zusammenfassung und Ausblick

Das Ergebnis der Neuabgrenzung der Stadtregionen auf der Basis der Volkszählungsdaten 1970 ist im wesentlichen von vier Faktorenkomplexen bestimmt worden: von den gegenüber 1950/61 veränderten methodischen Grundlagen, den administrativen Gebietsreformen in den meisten Bundesländern, den ökonomischen und funktionalen Entwicklungen vor allem im Umland der Agglomerationskerne und von der Ausstattung des Raumes.

Wie die Untersuchung gezeigt hat, beeinflußt die Lage namentlich der Kernstädte im Raum, so etwa die Nachbarschaft zu älteren Wirtschaftszentren und Großagglomerationen, die Entwicklung sehr stark. In gleicher Weise fördert die Verkehrserschließung des Raumes, aber auch die Oberflächengestaltung Ausdehnung, äußere Form und innere Gliederung der Regionen. Schließlich konnte gezeigt werden, wie intensiv die Impulse sind, die von dem tiefgreifenden strukturellen und funktionalen Wandel in allen Zonen dieser sozio-ökonomischen Raumeinheiten ausgehen. Es ist dabei auch klar geworden, daß das neue Abgrenzungsinstrumentarium und die neuen Schwellenwerte die gegebene Situation noch nicht voll befriedigend bewerten.

Zu den wichtigsten Ergebnissen der Abgrenzung und Gliederung der Stadtregionen 1970 zählen insbesondere die folgenden:

— Die Tendenz zur Bildung von Großagglomerationen ist beträchtlich gewachsen.

— Die Verdichtung in den Kerngebieten hat vielfach einen gewissen Sättigungsgrad erreicht. Das starke Wachstum der Ergänzungsgebiete ist im allgemeinen nicht nur von den methodischen Änderungen der Dichtewerte und von Verwaltungsgebietsreformen, sondern auch von der Schaffung zahlreicher neuer industriell-gewerblicher Arbeitsplätze und einer erneuten Verdichtung der Wohnbevölkerung verursacht worden.

— Die rasante Auffüllung der Ergänzungsgebiete hat dazu geführt, daß auch die Verstädterten Zonen von dem Konzentrationsprozeß stärker als bisher erfaßt wurden. Daher konnte die methodisch geplante Verkleinerung dieser Zonen häufig nicht zur vollen Wirkung kommen. Diese Entwicklung hat aber auch dazu geführt, daß sich die Zahl der Subzentren im Umland der Stadtregionen vermehrt und ihre Stellung als Satelliten vielfach klarer herauskristallisiert hat.

— Bei sehr starker Ausweitung der Randzonen sind die Änderungen im Abgrenzungsinstrumentarium in besonderem Maße zum Zuge gekommen. Darüber hinaus wirken sich aber auch hier die erheblich intensivierten Pendlerverflechtungen mit den Kerngebieten aus. Die Randzonen nehmen vor allem in den isoliert liegenden Regionen heute große Areale ein.

— Die Rolle von Mittelstädten als Kerne von Agglomerationen hat sich deutlich verstärkt.

Ergänzend zu diesen Ergebnissen sei noch kurz auf einige charakteristische Merkmalswerte verwiesen. Aus ihnen können gewisse Hinweise auf die Anpassung künftiger Abgrenzungs- und Gliederungskriterien gewonnen werden.

Die EAD streut bei den Kernstädten und den Ergänzungsgebieten beträchtlich. Die niedrigsten Werte für eine Kernstadt haben Goßlar (961 Personen/qkm) und Aalen (1060 Personen/qkm); die höchsten Werte errechnen sich für München (6744 Personen/qkm) und Hannover (6595 Personen/qkm). Bei dieser Streuung der Zahlen kommen nicht nur die unterschiedliche städtebauliche Struktur, sondern auch die großen Differenzen in der Gemarkungsgröße und der Besiedelbarkeit der Gemeindeflächen zum Ausdruck.

Als Kriterium für die Zuordnung einer Gemeinde zum Ergänzungsgebiet gilt, wie bei den Kernstädten, eine EAD von mindestens 600 Personen/qkm. Die Einzeluntersuchungen haben nun ergeben, daß der höchste durchschnittliche Dichtewert eines solchen Gebietes bei 2203 Personen/qkm liegt. Die Streuung ist hier also geringer als bei den Kernstädten. Im einzelnen gibt es selbstverständlich auch bei den Ergänzungsgebietsgemeinden extremere Werte. — Bei der Stadtregion Trier wird der Schwellenwert unterschritten, weil hier durch Eingemeindungen dörflicher Wohnplätze die mittlere Dichte auf 418 Personen/qkm gedrückt wird, auf die Zuordnung der so vergrößerten Gemeinden in das Ergänzungsgebiet aber nicht verzichtet werden sollte. In anderen Fällen sind Gemeinden mit an sich schon niedrigeren Dichtewerten in diese Gebiete aufgenommen worden, weil es ihre Lage zweckmäßig erscheinen ließ (z. B. Stadtregionen Bayreuth und Bremen).

Signifikanter sind die durchschnittlichen Werte der Verstädterten Zone und der Randzone. Für die erste sollte ja eine zwischen 250 und 600 Personen/qkm liegende EAD ausschlaggebend sein. Von den 70 Stadtregionen mit einer Verstädterten Zone hatten nur vier eine Dichte von weniger als 300 Personen/qkm. In 43 Fällen lag sie zwischen 300 und

399 Personen/qkm, in zwölf Verstädterten Zonen wurde ein mittlerer Dichtewert zwischen 400 und 450 Personen/qkm errechnet, und lediglich in elf Fällen wurde dieser Wert überschritten.

Noch markanter ist die Gruppierung der Dichtewerte bei den Randzonen. Hier sollen Schwellenwerte von 250 Personen/qkm nicht überschritten werden. Von den 71 Stadtregionen mit ausgebildeten Randzonen hatten elf eine EAD von weniger als 100 Personen/qkm; in 55 Fällen lag die Dichte zwischen 100 und 199 Personen/qkm und für fünf Randzonen errechnete sich eine mittlere EAD von 200 und mehr Personen/qkm.

Nicht minder interessant ist die außerordentlich niedrige Agrarquote in den Verstädterten Zonen. Nur in den Stadtregionen Freiburg, Heilbronn, Schweinfurt, Trier und Wiesbaden/Mainz liegt sie noch geringfügig über 10 %. In allen anderen Fällen ist sie z. T. deutlich niedriger: In 19 Stadtregionen erreicht dieser Anteil nicht einmal 5 %!

In enger Beziehung zu dem starken Rückgang des Anteils der landwirtschaftlichen Erwerbspersonen an allen Erwerbspersonen steht die Entwicklung der Pendlerzahl. Namentlich dort, wo das Angebot an nichtlandwirtschaftlichen Arbeitsplätzen relativ günstig ist, liegen die Anteile der im Kerngebiet arbeitenden Berufsauspendler der Verstädterten Zone kaum höher als in der Randzone, manchmal sogar niedriger als dort. Das ist, um nur einige wenige Beispiele zu nennen, der Fall in den Stadtregionen Bonn/Siegburg, Hannover, Heidenheim, Herford, Karlsruhe, Mönchengladbach/Rheydt/Viersen, Villingen/Schwenningen und Wiesbaden/Mainz.

Der vorstehende Überblick bestätigt noch einmal die großen Veränderungen, die sich in den kernstadtnahen Gebieten und im weiteren Agglomerationsumland vollzogen haben. Sie unterstreichen aber zugleich die Notwendigkeit, die weitere Entwicklung in diesen Räumen zu beobachten. Die Abgrenzung von sozio-ökonomischen Verdichtungsgebieten ist allein schon aus diesem Grunde auch weiterhin unumgänglich. Sie ist trotz administrativer Gebietsreformen grundsätzlich auch nicht unmöglich. Allerdings wird es erforderlich werden, hierfür ein neues Instrumentarium zu entwickeln, für das sich schon heute Ansatzpunkte zeigen.

Eine der Voraussetzungen wird es sein, die Definition der einzelnen Zonen dieser Raumeinheiten aufgrund der veränderten Situation zu überprüfen. Der neuen Definition entsprechend müssen dann die Kriterien festgelegt werden. Dabei ist das Übergewicht der Dichtewerte zu mildern. Auch die Bedeutung der Agrarquote ist erneut zu untersuchen. Schon heute steht fest, daß sie z. B. für eine Trennung der Verstädterten Zonen von den Ergänzungsgebieten kaum noch in Betracht kommt. Es wird daher zu überlegen sein, ob und in welcher Weise dieses Kriterium ersetzt werden muß.

Diese wenigen Bemerkungen mögen ein erster Hinweis auf den künftig bei der Ausweisung sozio-ökonomischer Raumeinheiten einzuschlagenden Weg sein.

Die Stadtregionen in Schleswig-Holstein und die Stadtregion Hamburg

von

Peter Möller, Bonn

I. Vorbemerkungen

In Schleswig-Holstein können auf der Basis der Daten aus der VZ 1970 vier Stadtregionen nachgewiesen werden. Rendsburg mit seinem Einzugsbereich, in den bisherigen einschlägigen Veröffentlichungen als „potentielle Stadtregion" gekennzeichnet, blieb auch 1970 unter der kritischen Schwelle von 80 000 Einwohnern.

Die Stadtregion Hamburg dehnt sich sowohl nördlich als auch südlich der Elbe aus, erstreckt sich aber — wie bisher — überwiegend über das nördliche Elbufer in die schleswig-holsteinischen Randgebiete.

Seit 1961, dem Stichjahr der letzten Stadtregionsuntersuchung, sind Neugliederungen der Verwaltungsstrukturen in allen Bundesländern begonnen und teilweise erst in der Mitte der siebziger Jahre zum Abschluß gekommen. In Schleswig-Holstein ist die Verwaltungsreform im wesentlichen vor dem Stichtag der VZ 1970 abgeschlossen worden. Statistisches Zahlenmaterial ist deshalb schon für die neuen Gebietseinheiten nachgewiesen und konnte bereits bei der Ermittlung der Stadtregionszugehörigkeit berücksichtigt werden. Für Hamburg wurde die Eingliederung der Exklave Neuwerk (rd. 100 km von Hamburg entfernt, in der Elbmündung gelegen) aus methodischen Gründen in den Zahlenangaben nicht berücksichtigt. In Niedersachsen beginnt die Neugliederung der Gebietsverwaltung erst nach 1971. Folglich sind die Gebietseinheiten in Niedersachsen, von wenigen Ausnahmen abgesehen, mit den 1961 nachgewiesenen Gemeinden deckungsgleich.

Während die Kernstädte Flensburg, Lübeck und Hamburg keine oder nur geringfügige Gebietsveränderungen erfahren haben, erhielten die Kernstädte Kiel und Neumünster durch Eingemeindungen eine beachtliche Vergrößerung der Gemeindefläche. Aber nur Neumünster und Lübeck verzeichnen seit 1961 einen Einwohnerzuwachs, die anderen Kernstädte haben trotz Gebietserweiterung Einwohner verloren (s. Tab. 1).

Außerhalb der Kernstädte hat die Verwaltungsreform in Schleswig-Holstein teilweise zu flächengrößeren und einwohnerstärkeren Gemeinden geführt, ohne daß sich die Siedlungsstruktur grundlegend verändert hätte. Daraus ergeben sich Konsequenzen in der Zuordnung der neuen Gemeinden zu bestimmten Stadtregionszonen. Hierauf wird in den Einzelbeschreibungen jeweils besonders hingewiesen.

Die Verwaltungsreform erschwert daher einen unmittelbaren Vergleich der Untersuchungsergebnisse aus den Jahren 1950, 1961 und 1970. Außerdem ist für die Stadtregionen 1970 das 1950 und 1961 verwendete Merkmal „mindestens 60 % der Auspendler einer Gemeinde sollen im Kerngebiet arbeiten" entfallen. Deshalb wurde für die

Stadtregionen in Schleswig-Holstein und Hamburg versucht, eine Abgrenzung mit den Kriterien von 1961 vorzunehmen, d. h. anstelle der Einwohner-Arbeitsplatz-Dichte wurde für die Verstädterte Zone der „Anteil der Auspendler in das Kerngebiet an den Auspendlern insgesamt" als Gliederungskriterium ausgewertet. Die Ergebnisse dieser Sonderauswertung werden in nebenstehender Abb. 1 veranschaulicht und jeweils bei den einzelnen Stadtregionen extra beschrieben.

Tabelle 1:

Kernstadt	Fläche		Einwohner	
	1961 qkm	1970 qkm	1961	1970
Flensburg	50	51	98 464	95 476
Kiel	79	110	273 284	271 719
Neumünster	35	72	75 045	86 013
Lübeck	202	214	235 200	239 339
Hamburg (ohne Neuwerk)	747	747	1 832 346	1 793 823

II. Zusammenfassung der Ergebnisse

Die fünf monozentrischen Stadtregionen in Schleswig-Holstein und Hamburg zeichnen sich 1970 durch eine starke Verbreitung der Randzone aus. Von den 320 stadtregionsangehörigen Gemeinden zählen allein 256, d. s. 80 %, zur Randzone. Das Kerngebiet mit 31 Gemeinden und die Verstädterte Zone mit 33 Gemeinden machen nur je 10 % aller Gemeinden aus.

Werden die Kriterien der Stadtregionsgliederung von 1961 auch 1970 zugrunde gelegt, so wird die Zahl der Umlandgemeinden zwar etwas verringert, es zählen dann jedoch nur noch 27 Gemeinden zur Randzone, die übrigen Umlandgemeinden sind infolge der intensiven Pendlerverflechtung der Verstädterten Zone zuzuordnen.

Bei allen Vorbehalten, die auf Grund der gegenüber 1961 geänderten Merkmale gemacht werden müssen, lassen sich doch gewisse Entwicklungstendenzen für die Bevölkerungsveränderungen in den Stadtregionen in Schleswig-Holstein und Hamburg aufzeigen. Nur zwei der fünf Kernstädte haben — zumeist wohl durch Eingemeindungen — Bevölkerungszunahmen aufzuweisen. Die anderen Kernstädte haben Einwohner verloren. Trotzdem beherbergen vier von fünf Kerngebieten 1970 mehr Einwohner als 1961. Da auch dem Umland aller fünf Stadtregionen Bevölkerung zuströmte — die Zunahmen sind nicht nur durch Verwaltungsreform und flächenmäßige Ausdehnung der Stadtregion erklärbar —, ist für alle untersuchten Stadtregionen insgesamt eine Zunahme der Einwohner festzustellen. Das Wachstum vollzieht sich in der Regel in den Stadtrand- und Umlandgemeinden außerhalb der Kernstädte. Der Einwohnergewinn dieser Gemeinden kompensiert auch die Bevölkerungsverluste der Kernstädte. Der Verdichtungsvorgang von Bevölkerung hält also auch zwischen 1961 und 1970 an. Schwerpunkte der Siedlungstätigkeit liegen dabei eindeutig außerhalb der Kernstädte.

III. Bemerkungen zu den einzelnen Stadtregionen

1. Stadtregion Flensburg

Die Landschaft Angeln mit ihrem wirtschaftlichen Schwerpunkt Flensburg war vor der Kommunalreform durch eine Vielzahl kleiner Gemeinden gekennzeichnet. In diesem Raum hat die Verwaltungsreform zu größeren Gebietseinheiten geführt.

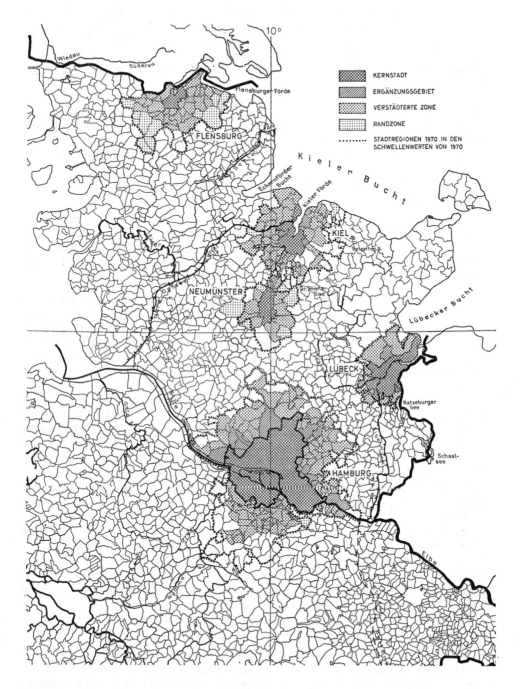

Abb. 1: Abgrenzung der Stadtregionen 1970 mit den Kriterien der Abgrenzung von 1961

Das Kerngebiet der Stadtregion Flensburg besteht aus der Kernstadt Flensburg. Ergänzungsgebiete fehlen. Harrislee und Weding — zwei bevorzugte Wohngebiete für Flensburger Arbeitnehmer — gehören zur Verstädterten Zone. Weitere 41 Gemeinden wurden der Randzone zugeordnet. Dies schließt auch die großflächige Stadt Glücksburg ein, deren Einwohner-Arbeitsplatz-Dichte (EAD)-Wert die für die Verstädterte Zone geforderte Schwelle nicht überschreitet.

Trotz der Vorbehalte eines Vergleichs mit der Stadtregion 1961 (s. oben) ist auffallend, daß die Stadtregion Flensburg sich flächenmäßig gegenüber 1961 mehr als verdreifacht hat, während die Einwohnerzahl um rd. 21 % angestiegen ist. Dennoch zeigt der Berufspendlersaldo der Stadtregion insgesamt einen Überschuß von 2300 Einpendlern. Diese pendeln also aus weiter entfernten Gemeinden ein, teilweise wohl auch aus dem — nicht erfaßten — benachbarten Dänemark.

Ergänzung: Vergleichsweise wurden — unter Verzicht auf das Abgrenzungsmerkmal E A D — die Abgrenzungskriterien 1961 angewendet.

In der Stadtregion Flensburg werden dann die oben der Randzone zugeschlagenen Gemeinden überwiegend der Verstädterten Zone zugeordnet. Außerdem gehören einige Gemeinden im Osten und Süden nicht mehr zur Stadtregion, weil die neu zusammengeschlossenen Gemeinden als Ganzes die damals geforderten Bedingungen nicht mehr erfüllen.

2. Stadtregion Kiel

Der Stadt Kiel wurden nach 1961 vier Gemeinden aus dem Kreis Plön sowie eine Gemeinde aus dem Kreis Rendsburg eingegliedert, so daß die Kernstadt um rd. 31 qkm, d. s. 40 %, größer wurde. Die Kommunalreform führte besonders im Osten von Kiel — von der Neuordnung der Kreisgrenze zwischen Kreis Plön und Kreis Rendsburg-Eckernförde einmal abgesehen — zur Eingliederung der großflächigen, ländlichen Gemeinde Oppendorf in die flächenmäßig kleine, aber dicht besiedelte Gemeinde Schönkirchen.

Das Ergänzungsgebiet der Stadtregion Kiel erstreckt sich 1970 besonders auf das Ostufer der Kieler Förde bis nach Laboe. Zur Verstädterten Zone gehören die in den letzten Jahren von der Siedlungsentwicklung erreichten Gemeinden Altenholz, Flintbek und Molfsee im Kreis Rendsburg-Eckernförde sowie Raisdorf, Preetz und Schönkirchen im Kreis Plön. Dieses Schönkirchen — mit der viermal so großen Gemeinde Oppendorf vereinigt — konnte, als Einheit betrachtet, nur der Verstädterten Zone zugeordnet werden, obwohl der heutige Gemeindeteil Schönkirchen besser als Ergänzungsgebiet, der Gemeindeteil Oppendorf besser als Randzone einzustufen wäre. Die Randzone reicht 1970 bis über Schönberger Strand hinaus und erstreckt sich auch entlang der Bundesstraße 404 in Richtung Kirchbarkau. Dagegen besteht, trotz der Eisenbahnlinie Kiel—Neumünster, keine Veränderung der Stadtregionsgrenze gegen Neumünster. Die auf der Karte optisch sichtbar werdende Verschmelzung der Stadtregion Kiel mit der Stadtregion Neumünster ist eine Folge der Gemeindezusammenschlüsse. In der Landschaft besteht eine ca. zwei Kilometer breite, landwirtschaftlich genutzte Trennzone zwischen beiden Regionen.

Ergänzung: Vergleichsweise wurden — unter Verzicht auf das Abgrenzungsmerkmal E A D — die Abgrenzungskriterien 1961 angewendet.

In der Stadtregion Kiel wird unter diesen geänderten Voraussetzungen fast die gesamte Randzone zur Verstädterten Zone.

3. Stadtregion Neumünster

Die Kernstadt Neumünster hat durch Eingemeindungen ihre Fläche von 35 auf 72 qkm gut verdoppelt. Der Stadt wurden die überwiegend durch Wohnfunktionen geprägten zwei Gemeinden Einfeld und Gadeland sowie ein Teil der Gemeinde Tungendorf, der sich als städtebauliches Erweiterungsgebiet eignet, zugeschlagen. Die Einwohnerzahl stieg dabei von 75 000 auf 86 000 um 15 %.

Die Verlagerung der Stadtgrenze von Neumünster nach Norden brachte den Zentralen Ort Bordesholm, der in den bisherigen Untersuchungen ein gewisses Eigenleben zwischen den Stadtregionen von Kiel und Neumünster führte, in den stärker werdenden Einfluß Neumünsters. Bordesholm ist 1970 als Ergänzungsgebiet einzustufen. Einige benachbarte Gemeinden im Einzugsbereich von Bordesholm tendieren nunmehr zur Stadtregion Neumünster. Aber nur eine Gemeinde davon gehört zur Verstädterten Zone. Die übrigen 17 Gemeinden der Region Neumünster waren als Gemeinden der Randzone einzustufen.

Ergänzung: Vergleichsweise wurden — unter Verzicht auf das Abgrenzungsmerkmal E A D — die Abgrenzungskriterien 1961 angewendet.

Die überwiegende Zahl der Gemeinden in der Randzone wird dann zur Verstädterten Zone. Nur die Gemeinde Loop, eine Nachbargemeinde des heutigen Stadtteils Einfeld, hat als Randzone noch eine gemeinsame Grenze mit der Kernstadt.

4. Stadtregion Lübeck

Die großflächige Kernstadt Lübeck hat ihr Gebiet nur geringfügig um einige qkm, zum größten Teil landwirtschaftlich genutztes Gelände, erweitert. Lediglich aus der Stadt Bad Schwartau sind Lübeck auch einige Einwohner zugefallen.

Zum Ergänzungsgebiet gehören die stark gewerblich orientierte Stadt Bad Schwartau und die kleine Wohngemeinde Groß Grönau im Süden Lübecks. Die Gemeinde Krummesse, auf drei Seiten von Flächen der Stadt Lübeck umgeben, erfüllt die Merkmale der Verstädterten Zone. Die übrigen Gemeinden am Stadtrand sind als Randzone einzustufen, obwohl insbesondere aus den Großgemeinden im Norden der Stadt sehr enge Pendlerverflechtungen bestehen. Die E A D-Werte lassen aber keine andere Einstufung dieser Gemeinden zu. Die Fläche der Stadtregion Lübeck hat sich bei konstanter Gemeindeanzahl geringfügig verkleinert, weil eine größere Gemeinde ausgeschieden und eine kleinere hinzugekommen ist.

Ergänzung: Vergleichsweise wurden — unter Verzicht auf das Abgrenzungsmerkmal E A D — die Abgrenzungskriterien 1961 angewendet.

Unter diesen Randbedingungen ist die Umlandzone der Stadtregion Lübeck bis auf drei Gemeinden im Kreis Stormarn als Verstädterte Zone zu kennzeichnen.

5. Stadtregion Hamburg

Die Gebietsreform hat — von der hier unberücksichtigt gebliebenen Eingemeindung der Insel Neuwerk nach Hamburg abgesehen — nördlich der Stadt einige bedeutende Veränderungen geschaffen. Die vier schleswig-holsteinischen Gemeinden Friedrichsgabe und Garstedt sowie Glashütte und Harksheide wurden aus den Kreisen Pinneberg bzw. Stormarn herausgelöst, zur Gemeinde Norderstedt zusammengeschlossen und dem Kreis Segeberg zugeschlagen, der dadurch eine gemeinsame Grenze mit Hamburg erhalten hat. Garstedt und Harksheide gehörten 1961 zum Ergänzungsgebiet, Glashütte und Friedrichsgabe zur Verstädterten Zone. 1970 erfüllt die Großgemeinde alle Bedingungen des Ergänzungsgebietes. Mit 54 000 Einwohnern ist Norderstedt die größte stadtregionsangehörige Gemeinde außerhalb der Kernstadt. Im niedersächsischen Teil der Hamburger Stadtregion ist die Verwaltungsreform erst nach 1970 wirksam geworden.

Die Kernstadt Hamburg, mit dem größten Teil ihrer Fläche und ihrer Einwohnerzahl auf dem Nordufer der Elbe gelegen, hat auch ihren Einzugsbereich vorwiegend nördlich des Stromes. Zahlreiche stadtrandnahe Gemeinden der Kreise Pinneberg, Segeberg, Stormarn und Hzgtm. Lauenburg werden sowohl als Wohngebiet von in Hamburg Beschäftigten geschätzt als auch als Betriebsstandorte gewählt, wenn ein größerer Absatzmarkt zum Gedeihen der Firma von Vorteil ist. Beide Typen von Gemeinden sind zum Ergänzungsgebiet zusammengefaßt.

Unmittelbar an das Ergänzungsgebiet anschließende Gemeinden, der Verstädterten Zone zuzuordnen, sind überwiegend als Wohngebiete für weniger kapitalkräftige Arbeitnehmer beliebt. Die Gemeinden verfügen z. T. über sehr gute Verkehrsverbindungen und liegen auf den von der Landesplanung bezeichneten Achsen, entlang denen das Siedlungsgeschehen konzentriert werden soll. Von den Achsenendpunkten gehört nördlich der Elbe nur Kaltenkirchen zum Gebiet der Stadtregion (Verstädterte Zone).

Gemeinden mit geringerer Verflechtung zu Hamburg liegen in verkehrsmäßig weniger gut erreichbaren Räumen, meist zwischen den Achsen. Es ist aber darauf hinzuweisen, daß auch innerhalb dieser Randzone Gemeinden mit höheren E A D - Werten (z. B. ländliche Zentralorte) vorhanden sind. Ihre Zuordnung zur Verstädterten Zone war ausgeschlossen, weil die gemeinsame Grenze mit anderen Gemeinden der Verstädterten Zone fehlt.

Dies gilt besonders für den Raum südlich der Elbe. Hier umfaßt das Ergänzungsgebiet zwei Gemeinden am Stadtrand von Harburg. Der Verstädterten Zone sind die wichtigsten Siedlungsschwerpunkte in Stadtrandnähe zugeordnet. Angrenzende Gemeinden mit überwiegend landwirtschaftlicher Struktur und beachtenswerten Auspendleranteilen erreichen aber die für die Verstädterte Zone geforderten E A D - Werte nicht. Sie fallen folglich in die Randzone. Die daran anschließenden „Achsenendpunkte" Winsen/L., Buchholz und Buxtehude können, obwohl sie hohe Einwohnerdichten besitzen, nur der Randzone zugerechnet werden. Auf dem Südufer der Elbe, gegenüber Geesthacht, sind mehrere Gemeinden als Wohngebiete für Arbeitnehmer in Geesthacht interessant geworden, seit 1966 das Elbstauwehr durch eine Straßenbrücke passierbar gemacht wurde. Berufspendlerbeziehungen in die Hamburger Innenstadt bestehen aus diesen Gemeinden kaum. Insgesamt fällt die flächenhafte Ausdehnung der Randzone im niedersächsischen Teil der Stadtregion auf. Die Leitlinien der Ausfallstraßen und Bundesautobahnen Hamburg—Hannover und Hamburg—Bremen sowie der Bundesstraße nach Cuxhaven und in die Lüneburger Heide zeichnen sich deutlich ab.

Ergänzung: Vergleichsweise wurden — unter Verzicht auf das Abgrenzungsmerkmal E A D — die Abgrenzungskriterien 1961 angewendet.

Die Fläche der Stadtregion Hamburg wird um einige Gemeinden — besonders im niedersächsichen Gebiet — verkleinert. Die Kategorie „Randzone" ist dann fast ganz ausgelöscht. Die Stadtregion besteht eigentlich nur noch aus Kernstadt, Ergänzungsgebiet und Verstädterter Zone.

Die Betrachtung der Stadtregionen unter dem Aspekt der intensiven Pendlerverflechtung macht zutreffend deutlich, in welcher funktionalen Abhängigkeit die Umlandgemeinden von den Kernstädten stehen. Die insgesamt nicht ausgeglichenen Pendlersalden zeigen aber auch, daß der Prozeß der Ausweitung der Agglomerationen noch fortschreitet und die Konsolidierung des Arbeitsmarktes noch nicht abgeschlossen ist. Die Verkürzung der Arbeitszeit und die 1970 noch ungebrochene Mobilität der Arbeitskräfte könnten einige der Wachstumskomponenten repräsentieren. Ob die Ausweitungstendenzen der Stadtregionen angesichts der inzwischen offenbar werdenden Änderungen im Wohn- und Verkehrsverhalten der Stadtbewohner andauern, kann anhand des vorliegenden Zahlenmaterials nicht beurteilt werden.

Die Stadtregionen im Lande Niedersachsen (ohne Nordwest-Niedersachsen) 1970

von

Manfred Bahlburg, Hannover

Der Untersuchungsraum umfaßte 1970 insgesamt 10 Stadtregionen. Der Nordwesten von Niedersachsen zusammen mit dem Land Bremen wird hier nicht behandelt, sondern im Anschluß von H. HOLLMANN gesondert dargestellt. In der Reihenfolge der Gesamtwohnbevölkerung umfaßt der hier untersuchte Raum die Stadtregionen Hannover, Braunschweig-Wolfenbüttel, Osnabrück, Wolfsburg, Göttingen, Hildesheim, Goslar, Lüneburg, Hameln und Celle. Gegenüber 1961 kamen die Stadtregionen Goslar und Celle hinzu, wobei Goslar bereits 1950 zu den Stadtregionen zählte, jedoch nach den Kriterien von 1961 nur noch 63 578 Einwohner hatte und damit nicht die angenommene Grenze von 80 000 Einwohner überschritt. Veränderte Schwellenwerte und Merkmale sowie strukturelle Wandlungen haben bewirkt, daß das Gesamtgebiet der Stadtregionen sowohl hinsichtlich der Bevölkerung als auch hinsichtlich der Fläche eine erhebliche Ausdehnung erfahren hat. Hier zeigt sich, in welchem Ausmaß der Verstädterungsprozeß, auch im ländlich geprägten Niedersachsen, fortgeschritten ist. Die Stadt Salzgitter bildet nach wie vor einen Sonderfall, der erst dann mit anderen Gebieten vergleichend untersucht werden kann, wenn die einzelnen Stadtteile von Salzgitter in statistischer Hinsicht wie Gemeinden behandelt werden, für welche wichtige Ergebnisse der Zählungen gesondert errechnet und veröffentlicht werden.

Die in Tabelle 1 zum Ausdruck kommenden teilweise enormen Veränderungen innerhalb der Zonen der aggregierten Stadtregionen sind nur zum geringen Teil durch die Änderung des Abgrenzungskonzeptes zu erklären. Überwiegend kommt hierin die weitgehende Veränderung in der wirtschaftlichen Tätigkeit der Bevölkerung, in der Erwerbsstruktur sowie der in den Jahren zwischen 1960 und 1970 besonders prägnant hervorgetretene Trend der Abwanderung aus der Kernstadt in die suburbanen Zonen zum Ausdruck.

Bereits 1961 hatte sich die Wohnbevölkerung in den Umlandzonen gegenüber 1950 um 65 % erhöht. Diese Zunahme wurde 1970 nun noch einmal durch eine 80 %ige Steigerung übertroffen. Bei weitgehender Stagnation bzw. sogar Rückgang der Kernstadtbevölkerung und gleichzeitig ständig anhaltender Kontraktion der Bevölkerung um die städtischen Zentren, wobei insbesondere die Mittelstädte hervorgehoben werden müssen, ist, wie zu erwarten war, eine eklatant hohe Steigerungsrate der Bevölkerung in den städtischen Ergänzungsgebieten eingetreten. Sie betrug 1961 + 88 % und 1970, bei wechselndem Merkmal, nochmals 79 %.

Tabelle 1:

*Fläche, Wohnbevölkerung und deren Veränderung[1]
in den Stadtregionen Niedersachsens (ohne Nordwestniedersachsens)*

Zone	Fläche in qkm			Wohnbevölkerung		
	1950[2]	1961[2]	1970	1950[2]	1961[2]	1970
Kernstädte (1)	389	437 + 12 %	604 + 38 %	949 255	1 308 895 + 38 %	1 387 122 + 6 %
Ergänzungsgebiete (2)	132	223 + 69 %	372 + 67 %	113 183	212 748 + 88 %	381 605 + 79 %
Kerngebiete (1 + 2)	521	660 + 27 %	976 + 48 %	1 082 438	1 521 643 + 40 %	1 768 727 + 16 %
Verstädterte Zonen (3)	527	1889 + 259 %	1247 − 34 %	136 828	340 295 + 149 %	437 289 + 28 %
Randzonen (4)	1292	1668 + 29 %	5816 + 248 %	173 605	173 363 ± 0 %	487 220 + 181 %
Umlandzonen (3 + 4)	1819	3557 + 96 %	7062 + 98 %	310 433	513 658 + 65 %	924 509 + 80 %
Stadtregionen insgesamt (1 + 2 + 3 + 4)	2340	4217 + 80 %	8038 + 90 %	1 392 871	2 035 301 + 46 %	2 693 236 + 32 %

[1] Veränderung gemessen gegenüber der jeweils letzten Volkszählung, 1961 ohne Goslar + Hameln, Lüneburg und Wolfsburg, 1970 + Celle und Goslar.

[2] Abgrenzung nach anderen Schwellenwerten und Merkmalen wie 1970, aber in den Größenordnungen, außer bei den verstädterten Zonen, vergleichbar.

Tabelle 2: *Fläche und Bevölkerung der Stadtregionen in Südniedersachsen nach den Abgrenzungen 1950, 1961 und 1970[1]*

Stadtregionen	Abgrenzung 1950		Abgrenzung 1961				Abgrenzung 1970			
	Fläche qkm	Einwohner	Fläche		Einwohner		Fläche		Einwohner	
			qkm	Veränderung zu (2) in %	absolut	Veränderung zu (3) in %	qkm	Veränderung zu (4) in %	absolut	Veränderung zu (6) in %
1	2	3	4	5	6	7	8	9	10	11
I) 1950, 1961, 1970										
1. Hannover	919	628 125	1 114	21	853 260	36	2 170	95	1 085 744	27
2. Braunschw./ Wolfenbüttel	397	285 775	611	54	369 370	29	872	43	397 527	8
3. Osnabrück	300	158 193	419	40	233 737	48	776	85	288 775	24
4. Göttingen	325	124 684	496	53	146 617	18	768	55	182 795	25
5. Hildesheim	247	109 716	345	40	145 148	32	517	50	169 610	17
Zusammen	2 188	1 306 493	2 985	36	1 748 132	34	5 103	71	2 124 451	22
II) 1961, 1970										
1. Wolfsburg			559		117 603		916	64	145 271	58
2. Hameln			323		85 256		419	30	96 908	14
3. Lüneburg			350		84 310		483	38	98 953	17
Zusammen			1 232		287 169		1 818	48	381 132	33
III) 1970										
1. Goslar[2]	152	86 378					751		100 435	
2. Celle							357		87 218	
Zusammen	152	86 378					1 108		187 653	
I+II+III	2 340	1 392 871	4 217	80	2 035 301	46	8 029	90	2 693 236	32

[1]) Abgrenzung gegenüber 1950 und 1961 geändert.
[2]) Goslar war bereits 1950 Stadtregion.

Tabelle 3: *Vergleich der inneren Strukturbereiche der Stadtregionen in Niedersachsen 1970 (ohne Nordwestniedersachsen) — Anteile der Bevölkerung in den Zonen an der gesamten Stadtregionsbevölkerung —*

Stadtregion	Strukturbereich			
	Kernstadt	Ergänzungsgebiet	Verstädterte Zone	Randzone
	%			
Braunschweig/Wolfenbüttel	56	18	10	16
Celle	66	0	7	27
Goslar	40	33	14	13
Göttingen	60	0	8	32
Hameln	49	8	12	31
Hannover	48	18	21	13
Hildesheim	55	6	13	26
Lüneburg	60	0	14	26
Osnabrück	50	13	22	15
Wolfsburg	48	13	10	29

Insgesamt lebten in den städtischen Agglomerationen im südlichen Niedersachsen zum Erhebungszeitpunkt 2 693 236 Menschen, das ist gegenüber der Zählung von 1961 eine Steigerung um 32 %. Bereits 1961 war die Bevölkerungszahl gegenüber 1950 um 46 % angewachsen. Da zu den verschiedenen Vergleichszeitpunkten Stadtregionen noch nicht oder nicht mehr berücksichtigt wurden, zeigt Tabelle 2 die Entwicklung unter Berücksichtigung der Gebietsstandsänderungen der Stadtregionen.

Berücksichtigt man lediglich die 5 Stadtregionen, die zu allen Zählzeitpunkten abgegrenzt wurden (Hannover, Braunschweig/Wolfenbüttel, Osnabrück, Göttingen, Hildesheim), so betrug die Steigerung der Bevölkerung 1950—1961 34 % und 1961—1970 noch 22 %. Die Mittelstädte Wolfsburg, Hameln und Lüneburg hatten im Zeitraum 1961 bis 1970 sogar eine Steigerung um 33 % zu verzeichnen. Zu berücksichtigen ist natürlich immer die zwischenzeitlich eingeführte Änderung der Schwellenwerte, die allerdings die Veränderungen noch unterbewertet, so daß davon auszugehen ist, daß die hier genannten Werte Mindestwerte darstellen.

Die von Stadtregionen eingenommene Fläche hat sich seit 1961 noch deutlicher vermehrt als die Bevölkerung. Der Kontraktionsprozeß Land—Stadteinflußsphäre und der Detraktionsprozeß City—Stadtumland bewirkte eine starke Zunahme der stadtregionsangehörigen Gemeinden, so daß die von Stadtregionen eingenommene Fläche gegenüber 1961 um 90 % anstieg, was zu einer erheblichen räumlichen Annäherung der Stadtregionen führte.

Insgesamt kann auch für diesen Teil Niedersachsens ein Fortschreiten des Verstädterungsprozesses trotz verhaltener Entwicklung des Wirtschaftspotentials festgestellt werden.

1. Stadtregion Braunschweig/Wolfenbüttel

Die Stadtregion Braunschweig/Wolfenbüttel umfaßt nach der neuen Abgrenzung nunmehr ein Gebiet von 872 qkm gegenüber 611 qkm und 397 qkm zu den beiden vorangegangenen Zählzeitpunkten. Wie schon 1961 festgestellt werden konnte, dehnt sich das Verflechtungsgebiet primär in südlicher und südöstlicher Richtung aus. Zwar erweiterte das Ergänzungsgebiet sich lediglich um zwei Gemeinden (Rautheim und Linden), die Verstädterte Zone nahm abgrenzungsbedingt sogar erheblich ab, doch konnte die Randzone erheblich ausgeweitet werden und erreichte 1970 im Südosten die Zonengrenze.

Die Kernstadt Braunschweig selbst hat bis 1970 die Stadtfläche nicht vermehren können und mußte bei der Einwohnerzahl einen Rückgang um etwa 23 000 auf 223 700 Einwohner hinnehmen. Vergleichsweise gering ist mit 8 % auch der Bevölkerungsanstieg der gesamten Stadtregion auf 397 527 Einwohner. Zu erklären ist diese relative Stagnation gegenüber den übrigen niedersächsischen Stadtregionen aus der Konkurrenz der Städte in diesem Raum. Insbesondere die attrahierende Kraft von Wolfsburg und die Lage im Zonenrandgebiet können als hypothetische Erklärungen mit erheblicher Plausibilität angenommen werden.

Durch das Zusammenwachsen der Stadtregionen Wolfsburg, Braunschweig/Wolfenbüttel und Goslar ist im Zonengrenzraum eine Achse in Nord-Süd Ausdehnung entstanden, die nur aus formalen Gründen nicht Salzgitter miteinbeziet. Unter Berücksichtigung von Salzgitter ergibt sich im hannoverschen Raum eine Flächenausdehnung der zusammenhängenden Stadtregionen, die etwa der Größe der Rhein/Main- und Rhein/Neckar-Agglomerationen entspricht, wobei die Bevölkerungszahl allerdings erheblich geringer bleibt.

2. Stadtregion Celle

Seit von der Akademie für Raumforschung und Landesplanung Stadtregionen abgegrenzt werden, erfüllt Celle 1970 zum erstenmal die geforderten Bedingungen und erreicht eine Einwohnerzahl von 87 218. Bereits bei der Abgrenzung 1961 wurde Celle als „stadtregionsverdächtig" überprüft. Das Ergebnis dieser Überprüfung zeigte, daß trotz erheblicher Einwohnerzahl der Kernstadt die Schwelle von 80 000 Einwohnern noch nicht überschritten wurde. Die Kernstadt Celle zählte 1950 wie 1961 etwa 59 000 Einwohner. Das Umland war aber 1961 noch in relativ geringem Umfang gewerblich und arbeitswirtschaftlich auf die Kernstadt ausgerichtet. Mit rd. 74 000 Einwohnern erreichte die Stadtregion Celle damals nicht den maßgeblichen Wert. Interessant für die Struktur des Raumes war damals ein außergewöhnlich niedriger Anteil an der Randzone, was anzeigt, daß das Umland von Celle noch in besonders hohem Maße agrarwirtschaftlich bestimmt war. 1970 hatte die Kernstadt gegenüber 1950 und 1961 mit 57 000 Einwohnern zwar einen Einwohnerrückgang zu verzeichnen, doch infolge der seit 1961 eingetretenen Intensivierung der Pendlerbeziehungen, auch aufgrund einer erhöhten Dienstleistungsfunktion der Kernstadt, konnte die für die Stadtregion erforderliche Einwohnerzahl durch Ausdehnung des Umlandes erreicht werden.

Durch einen als beispielhaft zu bezeichnenden Ausbau der Altstadt zu einem attraktiven Einkaufsstandort bei gleichzeitiger Stärkung der mittleren gewerblichen Wirtschaft konnte die Zentralfunktion im Schatten des Oberzentrums Hannover so gestärkt werden, daß ein Abgleiten zum Trabanten verhindert wurde, obwohl die Stadtregionen Hannover und Celle über drei Gemeinden aneinandergrenzen.

Auffällig ist, daß der Kernstadt kein Ergänzungsgebiet zugeordnet ist und lediglich eine Gemeinde (Westercelle) zur Verstädterten Zone zu rechnen ist. Flächenmäßig nimmt die Randzone mit 284 qkm einen außergewöhnlich hohen Anteil an der Stadtregion ein. Dies läßt auf eine strukturell gesehen relativ scharfe Trennung von Kernstadt und umgebender Stadtregion schließen. Allerdings kann nicht mehr, wie noch 1961, von einer starken Dominanz der Agrarbeschäftigung gesprochen werden. Lediglich 8 % aller Erwerbstätigen waren 1970 in der Randzone noch landwirtschaftliche Beschäftigte.

3. Stadtregion Goslar

Die Stadtregion Goslar zählte 1970 auf einer Fläche von 751 qkm 100 435 Einwohner. Es war eins der überraschendsten Ergebnisse der Abgrenzung 1961, daß die Agglomeration Goslar nur noch etwa 63 000 Einwohner zählte, obwohl Goslar bereits 1950 mit 86 000 Einwohner auf 152 qkm Fläche zu den Stadtregionen gerechnet werden konnte.

Entscheidende Ursache für die bis 1961 eingetretene Wandlung war die Verkleinerung des Ergänzungsgebietes. Als Ursache kommt hierfür die Bevölkerungszunahme in Betracht, die zwischen 1950 und 1961 für die Mehrzahl der Gemeinden in Norddeutschland und insbesondere im Zonengrenzbereich charakteristisch war und ihre Ursache in erster Linie in der Überbesetzung mit Flüchtlingen und Vertriebenen unmittelbar nach Kriegsende hatte.

1950 zählten insgesamt 14 Gemeinden zur Stadtregion, während die Anzahl 1970 auf 27 anstieg. Insbesondere die Umlandzone hat eine außergewöhnlich große Ausdehnung erfahren, während das Kerngebiet sowohl von der Fläche als auch von der Einwohnerzahl her annähernd konstant blieb. Zum Ergänzungsgebiet mit einer Einwohner-/Arbeitsplatzdichte von mindestens 1445 zählten 1970 die Gemeinden Bündheim, Harburgerode,

Bad Harzburg, Oker und Hahnenklee-Bockswiese. Bemerkenswert ist die Tatsache, daß die Einwohner-/Arbeitsplatzdichte im Einzugsgebiet mit 1445 erheblich über dem Wert der Kernstadt von 1961 liegt. Hierin kommt der starke Besatz mit industriellen Arbeitsplätzen in unmittelbarer Nachbarschaft der Kernstadt zum Ausdruck; während Goslar selbst das Image einer Fremdenverkehrsstadt hat, dominiert im Vorfeld die Industrie. Im Gegensatz zu 1950 betrug die Zahl der Gemeinden der Verstädterten Zone nicht mehr zwei, sondern erhöhte sich auf vier (Astfeld, Othfresen, Vienenburg und Wiedeloh). Zur Randzone gehörten nunmehr vierzehn statt fünf Gemeinden.

Der überall zu beobachtende Trend der starken Ausweitung der funktionalen Beziehungen zwischen Stadt und Umland und die positive industriewirtschaftliche Entwicklung haben letztlich auch die Wiedereinreihung von Goslar in den Kreis der Stadtregionen bewirkt.

4. Stadtregion Göttingen

Im Gegensatz zur Abgrenzung von 1961 bietet die Stadtregion Göttingen 1970 ein völlig anderes Bild. Durch die aufgrund einer Verwaltungsreform erfolgte Einkreisung der Stadt bei gleichzeitiger Erweiterung des Stadtgebietes von 27 qkm 1961 auf 74 qkm 1970 verfügt die Kernstadt nun nicht mehr über ein Ergänzungsgebiet, zu dem 1961 noch die Gemeinden Geismar, Grone und Weende gehörten. Methodisch bedingt verringerte sich zudem die Verstädterte Zone von 18 auf 8 Gemeinden, so daß die Umlandzone fast vollständig aus Gemeinden der Randzone besteht. Durch die Neuabgrenzung erhöhte sich die Einwohnerzahl der Stadtregion um 25 % auf insgesamt 182 795, wobei die Kernstadt um 28 000 Einwohner zunahm und 1970, vorwiegend eingemeindungsbedingt, rd. 109 000 Einwohner hatte. Die Flächenzunahme der Stadtregion beläuft sich in 9 Jahren auf 55 %, so daß die Stadtregion nunmehr ein Gebiet von 768 qkm umfaßt. Durch die Neuabgrenzung vergrößerte sich die Gesamtzahl der Gemeinden von 57 auf 100. Damit wird eine sich verstärkende Tendenz der Bindung des Umlandes an die Kernstadt sichtbar.

Tendenzielle Ausbreitungsrichtung der Stadteinflußsphäre war in den 60er Jahren der Nordwesten, aber auch in südlicher Richtung dehnte sich die Stadtregion weiter aus und überschritt erstmals die Grenze zum Nachbarland Hessen. Es kann vermutet werden, daß hier die Autobahn zusammen mit der zunehmenden Pendelbereitschaft und -möglichkeit der Bevölkerung determinierenden Einfluß auf die Ausbreitungsrichtung ausgeübt hat.

5. Stadtregion Hameln

Nachdem Hameln 1950 nicht zu den Stadtregionen zu rechnen war, weil die Einwohnerzahl unter 80 000 geblieben war, erreichte die Agglomeration 1961 schließlich mit 85 000 Einwohnern den Schwellenwert. 1970 nahm zwar die Bevölkerung der Kernstadt um 3000 Menschen ab, doch verzeichnete Hameln mit den Gemeinden Afferde und Klein Berkel erstmals ein Ergänzungsgebiet, so daß das Kerngebiet insgesamt noch einen Bevölkerungsgewinn von rd. 5000 Einwohnern aufwies. Bei der Umlandzone kann auch hier eine Abnahme der Verstädterten Zone bei gleichzeitiger starker Zunahme der Randzone, sowohl flächen- als auch einwohnermäßig, festgestellt werden. Dies entspricht durchaus dem bundesweiten Trend. Insgesamt verfügt die Stadtregion nunmehr über eine Fläche von 419 qkm und eine Einwohnerzahl von rd. 97 000, was einer Bevölkerungsdichte von 231 entspricht. Im Vergleich zu anderen Stadtregionen Niedersachsens nimmt sich, abgesehen von Braunschweig/Wolfenbüttel, das Wachstum der Einwohnerzahl von 1961 bis 1970 mit 14 % eher bescheiden aus. Der Durchschnitt des Untersuchungsgebietes wird damit bei der Bevölkerungszahl um mehr als die Hälfte unterschritten, und bei der Gesamtflächenzunahme wird sogar nur ein Drittel erreicht. Es hat den Anschein, daß die städtische Agglomerationsphase in Hameln weitgehend abgeschlossen ist. Die funktionalen Beziehungen mit dem Umland, gemessen an der Zahl der Einpendler in das Kerngebiet, haben kaum noch zugenommen, während die Zahl der in der Landwirtschaft Beschäftigten nur von 9 % auf 6 % der Erwerbstätigen abgenommen haben.

6. Stadtregion Hannover

Bei der Abgrenzung der Stadtregion Hannover im Jahre 1961 wurde von HAUBNER festgestellt, daß die Region in der zurückliegenden Dekade sich nur geringfügig räumlich erweitert hat, jedoch in dieser Zeit eine beträchtliche Steigerung der Einwohnerzahl, die vorwiegend auf die Kernstadt konzentriert war, eingetreten ist[1]). Damals konnten auch für den Raum Hannover der allgemeine Trend der Bevölkerungskonzentration in Kernstadt und Ergänzungsgebiet und eine ruhigere Bevölkerungszunahme in der Umlandzone beobachtet werden. Die sozio-ökonomische Entwicklung der Umlandzone vollzog sich allerdings unabhängig davon vom agrarischen zum städtischen Charakter der Gemeinden. 1970 zeigt sich dagegen ein völlig anderes Bild des Entwicklungsverlaufs zwischen 1961 und 1970. Die Kernstadtbevölkerung entwickelte sich trendkonform rückläufig. Hannover hatte eine Abnahme um knapp 50 000 Bewohner zu verzeichnen. Das Ergänzungsgebiet wies gleichzeitig eine Zunahme von 106 000 auf 198 000 Einwohner bei einer Flächensteigerung um 58 qkm auf, obwohl sich die Zahl der zum Ergänzungsgebiet gehörenden Gemeinden nur um drei von vierzehn auf siebzehn erhöhte. Die Umlandzone weist 1970 eine wesentlich verstärkte Entwicklungsdynamik auf. Die Fläche hat um annähernd 1000 qkm und die Bevölkerung um 190 000 Menschen zugenommen. Prozentual liegt das Umland von Hannover damit erheblich über dem Durchschnitt der niedersächsischen Stadtregionen (siehe Tabelle 1). Die gesamte Stadtregion Hannover hatte im Vergleichszeitraum eine Steigerung der Fläche von 1114 qkm auf 2170 qkm oder um 95 % und eine Steigerung der Einwohnerzahl von 853 000 auf 1 085 000 Einwohner oder um 27 % aufzuweisen. Das entspricht prozentual etwa dem Durchschnitt der übrigen betrachteten Stadtregionen, bringt aber wegen der absoluten Größen erhebliche planerische Probleme mit sich. Die Schaffung des Verbandes Großraum Hannover als regionale Planungsinstanz ist insofern eine logische und unbedingt notwendige Konsequenz gewesen.

Zur räumlichen Gestalt der Stadtregion ist zu bemerken, daß die Ausbreitungsrichtungen vorwiegend einen nördlichen, westlichen und östlichen Verlauf zeigen, wohingegen die Entwicklung in südlicher Richtung weitgehend stagniert. Allerdings ist die Verbindung zur Region Hildesheim nunmehr über 10 und nicht mehr über nur eine Gemeinde, wie noch 1961, hergestellt.

Hinzuweisen ist auch auf die funktionale Verbindung mit der Stadt Elze, die zwar die Bedingungen für die Verstädterte Zone erfüllt, wegen der isolierten Lage im Sinne einer nicht direkten Angrenzung an die Randzone aber nicht in die Stadtregion einbezogen wurde.

---

[1]) K. HAUBNER, in: Stadtregionen in der Bundesrepublik Deutschland 1961, Forschungs- und Sitzungsberichte der Akademie für Raumforschung und Landesplanung, Bd. XXXII, S. 37 f., Hannover 1967.

7. Stadtregion Hildesheim

Bei der Abgrenzung 1961 zählte die Stadtregion Hildesheim 145 148 Einwohner. Dabei entfielen auf die Kernstadt rd. 96 000 Einwohner. Über ein Ergänzungsgebiet verfügte die Agglomeration damals wie auch 1950 nicht. 1970 war die Bevölkerungszahl auf 169 610 gestiegen, was einer Zunahme um 17 % entspricht. Erstmals kann ein Ergänzungsgebiet mit einer Fläche von 15 qkm und rd. 10 000 Bewohnern festgestellt werden. Dabei handelt es sich um die Gemeinden Barienrode, Himmelsthür und Ochtersum. Die Fläche der Stadtregion Hildesheim nahm im Vergleichszeitraum von 345 auf 517 qkm oder um 50 % zu, wobei wiederum die Randzone mit einem Flächenanteil von 379 qkm gegenüber 127 qkm 1961 den Hauptanteil an der Steigerung ausmacht. Die tendenziellen Entwicklungsrichtungen der Stadtregion verlaufen nunmehr in nordwestlicher und südöstlicher Richtung und verstärken auf diese Weise den Trend zur Siedlungsachse Hannover—Goslar. Das fehlende Zwischenstück ist durch den nichtdargestellten Sonderfall Salzgitter bedingt. Eine Berücksichtigung von Salzgitter würde vermutlich die bandartige Struktur noch wesentlich deutlicher zum Ausdruck bringen. Insgesamt zeigt der Raum Hildesheim unter Zugrundelegung der hier verwendeten sozioökonomischen Kriterien einen vergleichsweise unterdurchschnittlichen Entwicklungsverlauf.

8. Stadtregion Lüneburg

Bei der Abgrenzung 1961 kam Lüneburg neben den Stadtregionen Hameln und Wolfsburg als dritte Region erstmals über den Schwellenwert von 80 000 Einwohnern. Dies war vor allem auf die Wandlungen im bis in die 50er Jahre ausschließlich agrarisch bestimmten Umland zurückzuführen. Die Kernstadt Lüneburg verzeichnet 1970 wie schon 1961 rd. 59 500 Einwohner auf einer Fläche von 42 qkm. Wie Celle verfügt die Kernstadt über kein Ergänzungsgebiet. Zudem gehören lediglich 6 Gemeinden der Verstädterten Zone an und tragen mit 14 000 Bewohnern nur mit 14 % zur Gesamtbevölkerungszahl der Stadtregion von 98 953 bei. Insofern dominieren allein von der Zahl her schon die Gemeinden der Randzone, die eine Bevölkerung von rd. 25 000 aufweisen und damit einen Anteil von 26 % stellen. Insgesamt hat sich das äußere Bild der Region konsolidiert und zeigt gegenüber der mehr strahlenförmigen Form im Jahre 1961 nunmehr ein geschlossenes kreisähnliches Gebilde. Die Flächenausdehnung stieg von 350 auf 483 qkm. Damit konnte bewirkt werden, daß der Abstand zur Stadtregion Hamburg jetzt auf einen Zwischenraum von nur einer Landgemeinde zusammengeschrumpft ist.

9. Stadtregion Osnabrück

Mit einem Anstieg der Bevölkerungszahl in der Stadtregion auf 288 775 oder um 24 % bleibt Osnabrück noch unter dem Durchschnitt von 32 %. Die Fläche hat bis 1970 allerdings um 85 % auf 776 qkm zugenommen. Damit ist zumindest hinsichtlich der Bevölkerungsentwicklung die bei der Abgrenzung 1961 konstatierte starke Dynamik nicht mehr gegeben, obwohl Osnabrück im Vergleich zu den übrigen hier behandelten Regionen immerhin im Zuwachs an vierter Stelle liegt. Bemerkenswert ist zudem die Tatsache, daß hier der einzige Fall gegeben ist, wo alle Zonen eine Zunahme bei den Einwohnern zu verzeichnen haben. Wenn auch eine Flächenausdehnung bei der Verstädterten Zone nicht vorliegt, sie ging von 266 qkm auf 197 qkm zurück, so wurde der Bevölkerungsstand dieser Zone von 1961 noch leicht übertroffen. Eine bevorzugte räumliche Entwicklungsrichtung der Stadtregion kann nicht eindeutig festgestellt werden. Vielmehr ist es zu einer relativ gleichmäßigen Anlagerung an der gesamten Peripherie gekommen.

Obwohl die Gemeinden Ostercappeln, Schledehausen und Wissingen als zur Verstädterten Zone gehörend ausgewiesen wurden, wäre aus organisatorischen Gründen sicher eine Einbeziehung in die Randzone sinnvoller gewesen. Da dieses Prinzip in Niedersachsen vor allem wegen der 1970 noch nicht durchgeführten Gemeindegebietsreform aber nicht hätte durchgehalten werden können, wurde insbesondere aus Gründen der Einheitlichkeit und zur Vermeidung von Informationsverlusten weitgehend auf eine Hierarchisierung der Zonen verzichtet. Insofern weicht das räumliche Erscheinungsbild der hier dargestellten Stadtregionen z. T. vom übrigen Bundesgebiet ab.

10. Stadtregion Wolfsburg

Die kurz vor Ausbruch des Zweiten Weltkrieges gegründete Stadt erlebte seit der Währungsreform 1949 einen als rasant zu bezeichnenden wirtschaftlichen Aufschwung. Dadurch bedingt betrug die Einwohnerzahl 1950 bereits 25 422, stieg bis 1961 auf 64 560 und erreichte 1970 schon 88 655. Durch Zuzug und Eingemeindung auch aller 1970 zum Ergänzungsgebiet zählenden Gemeinden erreichte die Stadt 1973 sogar über 135 000 Einwohner. Die durch den Aufschwung der Automobilindustrie hervorgerufene Wirtschaftskraft strahlt weit in das relativ dünn besiedelte Umland aus. So steht einem Kerngebiet von 71 qkm eine Umlandzone von 845 qkm gegenüber. Außerhalb der Kernstadt wohnen rd. 96 000 Menschen. Damit ist der Bevölkerungsanteil der Kernstadt mit 48 % (vgl. Tabelle 3) neben Hannover und nach Goslar der kleinste im Untersuchungsgebiet. Die große Zahl der Erwerbstätigen im Verhältnis zur Einwohnerzahl der Region und das geringe Durchschnittsalter bedingen eine hohe Mobilitätsbereitschaft, was sich in den hohen Pendlerzahlen niederschlägt. Auffällig ist der nach Westen in Richtung Hannover orientierte räumliche Ausdehnungsprozeß. Nach Süden hat ebenfalls eine nicht unerhebliche Erweiterung stattgefunden, so daß die Regionen Wolfsburg und Braunschweig nun auf großer Breite aneinandergrenzen. Möglicherweise wird die Sättigung der Pkw-Nachfrage bzw. der Rückgang der Automobilproduktion stagnierende Funktionalbeziehungen bewirken, wenn nicht gar eine Umkehr eintreten wird.

Die Stadtregion Wolfsburg ist nicht nur wegen der vorherrschenden Monostruktur ein Sonderfall, sondern auch hinsichtlich des außerordentlich hohen Ausländeranteils. Diesbezügliche Detailuntersuchungen wären außerordentlich wünschenswert, um Aufschluß über die „unnatürliche" Überformung der Stadt- und Regionalstruktur zu erhalten.

Die Stadtregionen in Nordwest-Niedersachsen (einschl. Land Bremen)

von

Heinz Hollmann, Bremen

Im folgenden soll über die Besonderheiten und Erfahrungen bei der Neuabgrenzung der Stadtregionen Bremen, Bremerhaven, Oldenburg, Wilhelmshaven und Emden sowie der potenziellen Stadtregion Cuxhaven aufgrund der Ergebnisse der Volkszählung 1970 berichtet werden.

Für die beiden letztgenannten Kernstädte wäre es — streng genommen — wiederum nicht erforderlich gewesen, Stadtregionen abzugrenzen, da sowohl Emden (1970: 48 525 E) als auch Cuxhaven (44 564 E) bei der Volkszählung 1970 noch nicht den für die Kernstädte vorgesehenen Mindestschwellenwert von 50 000 Einwohnern erreicht hatten. Die potenzielle Stadtregion Cuxhaven insgesamt (63 909 E) erreichte auch den für die Gesamtregion festgelegten Schwellenwert von mindestens 80 000 Einwohnern nicht, während die Stadtregion Emden (114 178 E) diesen Wert 1970 bereits überschritten hatte. Da jedoch das Kerngebiet von Emden (51 064 E), wenn auch nicht die Kernstadt selbst, 1970 die 50 000-Einwohner-Marke übersprungen hatte, wird empfohlen, Emden dennoch in den Kreis der Stadtregionen bereits für 1970 aufzunehmen. Inzwischen zählt die Stadt, zum Teil allerdings durch Eingemeindungen, mehr als 53 500 Einwohner (Ende 1973).

1. Stadtregion Bremen/Delmenhorst

Wie der Name bereits aussagt, weist diese Stadtregion zwei Kernstädte auf. Das Ergänzungsgebiet (1961: 3 Gemeinden) ist 1970 aufgrund des neuen Schwellenwertes (Einwohner-/Arbeitsplatzdichte: 600 je qkm) auf 13 Gemeinden angewachsen. Uphusen und Bierden sowie Hasbergen wurden aus Gründen der geographischen Lage zwischen Bremen und Achim bzw. Delmenhorst zur Vermeidung von Inseln innerhalb des Kerngebietes in das Ergänzungsgebiet einbezogen, obwohl diese Gemeinden z. T. unter dem genannten Schwellenwert (600 EAD) lagen; inzwischen sind sie jedoch nach Achim bzw. Delmenhorst eingemeindet worden und erreichen zusammen mit diesen Städten auch den geforderten Schwellenwert.

Kirchweyhe (560 EAD) und Schwanewede (577 EAD) lagen zwar 1970 ebenfalls noch unter dem Schwellenwert, aber dennoch innerhalb der Toleranzzone von 10 % (540 bis unter 600 EAD), womit sie in das Ergänzungsgebiet einbezogen werden konnten. Wegen dieser Sonderfälle mit etwas geringerem Dichtewert liegt auch die EAD für das gesamte Ergänzungsgebiet (568 EAD) geringfügig unter dem Schwellenwert von 600 EAD, aber dennoch in der Toleranzzone. Für das Kerngebiet insgesamt, auf das die

Quote der Pendler aus den Umlandgemeinden bezogen wird, ergibt sich dennoch ein beachtlich hoher Dichtewert von über 2000 EAD.

Durch die gegenüber 1961 veränderte Abgrenzung von Kernstadt und Ergänzungsgebiet hat sich das Kerngebiet um fast ein Drittel der Fläche erweitert (1961: 386 qkm, 1970: 534 qkm); dagegen hat sich trotz dieser räumlichen Ausdehnung die Bevölkerungszahl im Kerngebiet nur um ein Achtel vergrößert (1961: 633 000, 1970: 719 000).

Fläche	Fläche (in qkm)		Wohnbevölkerung (in 1000)	
	1961	1970	1961	1970
Kernstädte	366	366	622	646
Ergänzungsgebiet	20	168	11	73
Verstädterte Zone	562	209	121	54
Randzone	711	1268	59	111
Insgesamt	1659	2011	813	884

Eine weitere Folge der veränderten Abgrenzungsmethode ist das Zusammenschrumpfen der Verstädterten Zone; dennoch ist dies ein Vorteil gegenüber dem früheren Verfahren, das von vielen Seiten kritisiert worden war, weil der große Umfang der bisherigen Verstädterten Zone den tatsächlichen Verhältnissen kaum entsprach. Ihre Fläche ist gegenüber 1961 um fast zwei Drittel geschrumpft und ihre Bevölkerungszahl um etwas mehr als die Hälfte.

Stark gewachsen ist dagegen die Randzone; ihre Fläche hat sich nahezu verdoppelt. Wegen des hohen Anteils an Arbeiter-Bauern-Gemeinden erreicht die Bevölkerungsdichte hier allerdings nur den Wert von 88 E/qkm gegenüber 440 E/qkm in der gesamten Stadtregion; die Randzone trägt auch sonst stark ländlichen Charakter, denn der Anteil der Erwerbstätigen in der Landwirtschaft liegt hier bei knapp einem Viertel (23 %) gegenüber nur 4 % in der gesamten Stadtregion. Die Hälfte aller Erwerbstätigen, die in der Randzone wohnen, sind Auspendler, und zwar pendeln 29 % in das Kerngebiet. An der äußeren Grenze der Randzone liegen zwei verstädterte Gemeinden mit einer EAD über 250/qkm: Ottersberg (269) und Langwedel (315); hierbei handelt es sich um wichtige Stationen an der Eisenbahnlinie von Bremen nach Hamburg bzw. Hannover. Da diese verstädterten Gemeinden durch mehrere Randzonengemeinden von der eigentlichen Verstädterten Zone getrennt sind, werden sie zur Vermeidung von Inselbildungen trotzdem der Randzone zugerechnet.

Umgekehrt gehört die Gemeinde Bramstedt (102 EAD) eigentlich der Randzone an; da sich hier jedoch die Verstädterte Zone entlang der Eisenbahnlinie von Bremen nach Osnabrück bis Bassum erstreckt, wurde Bramstedt als Bindeglied zwischen Syke (626 EAD) und Bassum (392 EAD) der Verstädterten Zone zugerechnet. Inzwischen ist Bramstedt bereits in die Stadt Bassum eingemeindet worden; beide Gemeinden zusammen hatten zudem schon 1970 eine EAD von 286/qkm und lagen damit weit über dem Schwellenwert der Verstädterten Zone (250 EAD).

Die Fläche der gesamten Stadtregion Bremen/Delmenhorst hat sich nach der neuen Abgrenzungsmethode, obwohl das Kriterium der Agrarerwerbsquote von 65 % auf 50 % zurückgenommen wurde, um mehr als 20 % vergrößert; die Bevölkerungszahl jedoch nur um knapp 10 %.

2. Stadtregion Bremerhaven/Nordenham

Hier handelt es sich im Grunde auch um eine Stadtregion mit zwei Kernstädten, obwohl nur Bremerhaven die Voraussetzung dafür erfüllt (mindestens 50 000 E). Nordenham erreicht mit seinen 28 000 Einwohnern diesen Schwellenwert allerdings nicht; da es jedoch mit Bremerhaven einen gemeinsamen Brückenkopf an der Außenweser bildet, wurde zur Verdeutlichung dieses Umstandes die obige Bezeichnung als Doppel-Stadtregion gewählt.

Trotz des veränderten Abgrenzungskriteriums (1961: 500 E/qkm, 1970: 600 EAD) blieb der Umfang des Ergänzungsgebietes (46 qkm) der gleiche wie 1961 und damit auch die Fläche des gesamten Kerngebietes (126 qkm); seine Einwohnerzahl nahm allerdings von 174 000 auf 175 000 geringfügig zu.

Ähnlich wie um Bremen schrumpfte aufgrund der neuen Schwellenwerte auch der Umfang der Verstädterten Zone um Bremerhaven. Gehörten hierzu 1961 noch 8 Gemeinden, so waren es 1970 nur noch 2. Die Fläche der Verstädterten Zone ging dabei um mehr als vier Fünftel zurück, die Einwohnerzahl jedoch nur um etwas mehr als die Hälfte.

Zone	Fläche (in qkm)		Bevölkerung (in 1000)	
	1961	1970	1961	1970
Kernstadt	80	80	142	140
Ergänzungsgebiet	46	46	32	35
Verstädterte Zone	106	23	14	6
Randzone	570	891	35	56
Insgesamt	802	1040	223	237

Die Randzone wuchs — ähnlich wie um Bremen/Delmenhorst — auch um Bremerhaven/Nordenham wesentlich an. Ihre Fläche nahm um mehr als 20 % zu, die Bevölkerungszahl sogar um mehr als die Hälfte. Die Bevölkerungsdichte (68 E/qkm) ist hier aber noch geringer als in der Randzone um Bremen/Delmenhorst (88 E/qkm). Es arbeiten hier fast ebenso wenig Personen in der Landwirtschaft (25 %) wie dort (23 %). 49 % der in der Randzone wohnenden Erwerbstätigen sind Auspendler, und zwar arbeiten 36 % im Kerngebiet. Die Ausdehnung der Randzone um Bremerhaven erreicht im Süden an mehreren Stellen die Grenze der Stadtregion um Bremen; damit ist auch im Unterweser-Raum ein deutliches Zusammenwachsen der Stadtregionen zu beobachten.

Die Stadtregion Bremerhaven/Nordenham insgesamt vergrößerte infolge Ausdehnung der Randzone ihre Fläche um mehr als ein Viertel; ihre Bevölkerungszahl wuchs dagegen nur um rund 6 % gegenüber 1961 an.

3. Stadtregion Oldenburg

Die Gestalt der Stadtregion Oldenburg gab nach der bisherigen Abgrenzungsmethode nur sehr unzureichend die zentripetale Pendlerverflechtung des Umlandes mit der Kernstadt wieder. In den im Verwaltungsbezirk Oldenburg bereits seit langem vorherrschenden Großgemeinden ließen sich weder ein Ergänzungsgebiet noch eine Verstädterte Zone um die Kernstadt Oldenburg ausweisen. Die großen Flächen der Gemeinden nivellierten auch die Schwellenwerte der neuen Abgrenzungsmethode, so daß nach wie vor außerhalb der Kernstadt Oldenburg nur eine Randzone nachzuweisen ist, die sich jetzt jedoch an allen Grenzen der Kernstadt feststellen läßt. Auf diese Weise ist eine geschlossenere Gestalt der Stadtregion Oldenburg entstanden, die die zirkulare Umlandverflechtung Oldenburgs deutlicher als bisher erkennen läßt.

Die Agrarerwerbsquote der Randzone Oldenburgs liegt mit 21 % niedriger als bei Bremen (23 %) und Bremerhaven (25 %); eine Erfassung der Pendlerbeziehungen nach Gemeindeteilen (Wohnplätzen) hätte wahrscheinlich erkennen lassen, daß einige Ortsteile, vor allem am Innenrand Oldenburgs, dem Ergänzungsgebiet angehören, während am Außenrand einige Gemeindeteile der Verstädterten Zone zuzurechnen wären.

Andererseits scheint das Pendlerumland durch die große Randzone weitestgehend erfaßt zu sein, denn der Anteil der Pendler überhaupt liegt mit 36 % der hier wohnhaften Erwerbstätigen gegenüber den Verhältnissen um Bremen (50 %) und Bremerhaven (49 %) relativ niedrig, was auf Restriktion durch weite Pendlerwege schließen läßt. Das gleiche gilt für den Kernpendleranteil von 28 % gegenüber 39 % bei Bremen bzw. 36 % bei Bremerhaven.

Die gesamte Stadtregion hat — wie bereits festgestellt — durch die Ausweitung der Randzone ihre Fläche fast verdoppelt, während die Bevölkerung nur um wenig mehr als ein Drittel zunahm. Die Bevölkerungszahl in der Kernstadt selbst stieg dagegen nur um 5 % an.

Zone	Fläche (in qkm)		Bevölkerung (in 1000)	
	1961	1970	1961	1970
Kernstadt (mit Ergänzungsgebiet)	103	103	125	131
Randzone (mit Verstädterter Zone)	358	724	25	77
Insgesamt	461	827	150	208

Zwischen den Stadtregionen Bremen/Delmenhorst und Oldenburg liegt die Gemeinde Hude; ihre Pendlerbeziehungen sind sowohl nach Westen wie nach Osten gerichtet, so daß ihre Verflechtung geteilt ist und in keiner Richtung die geforderten Mindestwerte erreicht, obwohl die Verkehrsbeziehungen zum Kerngebiet Bremen/Delmenhorst (503) stärker sind als zu Oldenburg (396). Die Pendlerquoten beider Richtungen zusammengenommen übersteigen allerdings 50 % der Auspendler (115) und 20 % der Erwerbstätigen (3694); Hude sollte deshalb der Randzone beider Stadtregionen zugerechnet werden, um damit das Zusammenwachsen der beiden Stadtregionen, wie dies auch bei den Randzonen der Stadtregionen Bremen und Bremerhaven zu beobachten ist, deutlich zu machen.

4. Stadtregion Wilhelmshaven

Ähnlich wie die Stadtregion Bremerhaven/Nordenham besitzt auch diese Stadtregion im Grunde genommen zwei Kernstädte, obwohl nur Wilhelmshaven das für die Kernstadt geforderte Kriterium von mindestens 50 000 Einwohnern erfüllt. Da die Städte Wilhelmshaven (1970: 102 732 E) und Jever (10 479 E) durch die Ergänzungsgebietsgemeinde Schortens (14 084 E) miteinander verbunden sind, ist die Kreisstadt Jever zumindest dem Ergänzungsgebiet Wilhelmshavens zuzurechnen. Um die große Ausdehnung des Kerngebiets auch im Namen der Stadtregion zum Ausdruck zu bringen, könnte auch die Bezeichnung „Wilhelmshaven/Jever" gewählt werden.

Zone	Fläche (in qkm)		Bevölkerung (in 1000)	
	1961	1970	1961	1970
Kernstadt	56	61	100	103
Ergänzungsgebiet	•	62	•	24
Verstädterte Zone	•	23	•	8
Randzone	141	339	23	21
Insgesamt	197	485	123	156

Durch die neue Abgrenzungsmethode hat die Stadtregion Wilhelmshaven gegenüber 1961 ihre Struktur völlig verändert; dabei ist diese erstmalig richtig zum Ausdruck gekommen. Während bisher — wie bei der Region Oldenburg — nur die Kernstadt und die Randzone ausgewiesen werden konnten, lassen sich jetzt bei Wilhelmshaven auch ein Ergänzungsgebiet und eine Verstädterte Zone nachweisen. So zählt z. B. die industriereiche Gemeinde Schortens, die aufgrund ihrer damals niedrigen Bevölkerungsdichte (241 E/qkm) und ihrer geringen Auspendlerquote (20 %) 1961 noch zur Randzone der Stadt Wilhelmshaven gerechnet werden mußte, 1970 bereits zu ihrem Ergänzungsgebiet, da durch die Hinzunahme der Arbeitsplatzdichte (300 A/qkm) zu ihrer gestiegenen Bevölkerungsdichte (346 E/qkm) der Schwellenwert für 1970 (600 EAD) weit überschritten wurde.

Während die Kernstadt Wilhelmshaven zwischen 1961 und 1970 ihr Gebiet und ihre Bevölkerungszahl nur wenig veränderte, nahmen die Fläche der Außenzonen 1970 — im Vergleich zur Randzone 1961 — fast um das Vierfache und die Bevölkerung um mehr als das Doppelte zu.

Die Stadtregion Wilhelmshaven insgesamt wuchs dementsprechend ebenfalls; ihre Fläche vergrößerte sich um das Zweieinhalbfache, ihre Bevölkerung um knapp 30 %.

5. Stadtregion Emden

Aus den eingangs genannten Gründen wird diese Stadtregion 1970 zum ersten Mal ausgewiesen. Im Jahre 1961 wurden in den damals 36 Gemeinden der potenziellen Stadtregion Emden aufgrund der bisherigen Methode nur rund 66 000 Einwohner erfaßt, 1970 dagegen nach der neuen Methode in 67 Gemeinden rund 114 000 Personen. Diese Zahl berechtigt dazu, eine eigene Stadtregion für Emden abzugrenzen; die neue Methode führte auch hier zur Ausweitung der Randzone, die die nötige Einwohnerzahl einer Stadtregion von 80 000 ermöglicht haben dürfte. Die einzige Ergänzungsgemeinde Hinte ließ das Kerngebiet nur um 5 qkm und 2500 Einwohner anwachsen und dürfte deshalb kaum regionserweiternd gewirkt haben.

Zone	Fläche (in qkm)	Bevölkerung (in 1000)
Kernstadt	61	48
Ergänzungsgebiet	5	3
Verstädterte Zone	.	.
Randzone	372	63
Insgesamt	438	114

Eine Verstädterte Zone ist am Rande der Stadt Emden nicht ausgewiesen, da es sich hier nur um unbedeutende Gemeindeareale handelt; dagegen sind in die Randzone zahlreiche Gemeinden eingestreut, die sowohl zum Ergänzungsgebiet Moordorf: 743 EAD, als auch zur Verstädterten Zone (Münkeboe: 264, Victorbur: 257, Warsingsfehn: 408, Pesum: 306, Rechtupweg: 393 EAD) gehört hätten, wenn sie geographisch unmittelbar mit Emden verbunden gewesen wären.

6. Potenzielle Stadtregion Cuxhaven

Cuxhaven wurde erstmalig 1961 als potenzielle Stadtregion mit 10 Gemeinden und 56 559 Einwohnern abgegrenzt. Aber auch 1970 hatten sowohl die Kernstadt (45 564 E) als auch die gesamte Region (63 909 E) trotz der neuen Abgrenzungsmethode die Schwellenwerte von 50 000 bzw. 80 000 Einwohnern noch nicht erreicht. Durch Gemeindegebietsveränderungen verringerte sich gleichzeitig die Zahl der erfaßten Gemeinden von zehn auf acht.

Zone	Fläche (in qkm)	Bevölkerung (in 1000)
Kernstadt	46	45
Ergänzungsgebiet	.	.
Verstädterte Zone	34	8
Randzone	127	11
Insgesamt	207	64

7. Zusammenfassendes Ergebnis

Das Gesamtbild der Stadtregionen 1970 im Weser-Jade-Raum läßt erkennen, daß die Stadtregionen Bremerhaven/Nordenham, Bremen/Delmenhorst und Oldenburg bereits zusammengewachsen sind, während zwischen den Stadtregionen Oldenburg und Wilhelmshaven noch eine Lücke bleibt. In dieser Lücke liegt die Stadtgemeinde Varel, in die inzwischen dies sie umgebende Gemeinde Varel-Land eingegliedert wurde. Von der Stadt Varel gehen zwar kleine Pendlerströme nach Oldenburg und Wilhelmshaven, aber die meisten Auspendler blieben 1970 in der ehemaligen Gemeinde Varel-Land, die auch die Mehrzahl der Einpendler in die Stadt Varel stellte. Würde man das Stadtregionsmodell auf die „Kernstadt" Varel angewendet haben, so hätte dies mit den Gemeinden Varel-Land und Bockhorn, die zu ihrem Nahbereich gehören, eine Klein-Stadtregion gebildet, die die Lücke zwischen den Groß-Stadtregionen Oldenburg und Wilhelmshaven nahezu füllt.

Das Gesamtbild aller Stadtregionen im Weser-Jade-Raum würde damit ein großes „U" dargestellt haben, das von Bremerhaven südwärts nach Bremen reicht, von dort westlich über Delmenhorst nach Oldenburg führt und schließlich nordwärts über Varel bei Wilhelmshaven/Jever endet. Von der Regionalplanung im Weser-Jade-Raum wäre daher anzustreben, die Achse Oldenburg/Wilhelmshaven bei Varel siedlungsmäßig so weit zu verstärken, daß die Kommunikation zwischen Bremerhaven—Bremen—Oldenburg—Wilhelmshaven lücken- und reibungslos fließen kann. Um im Bilde zu bleiben: Wie im System der kommunizierenden Röhren, zu dem auch die Achse Delmenhorst-Hude-Brake-Nordenham gehören würde, könnten dann alle raumordnerischen und regionalwirtschaftlichen Aktivitäten den zentralen Orten innerhalb des Weser-Jade-Raumes gleichzeitig zugute kommen. Der erste Schritt in dieser Richtung ließe sich mit der Elektrifizierung der Eisenbahnstrecke Bremen—Oldenburg—Wilhelmshaven tun, die zwischen Bremen und Bremerhaven bereits besteht. Verstärkt würde die kommunizierende Wirkung durch eine baldige Fertigstellung der Autobahn Oldenburg—Wilhelmshaven und Delmenhorst—Brake—Nordenham; die Autobahn zwischen Oldenburg und Bremen bzw. Bremen und Bremerhaven steht bereits kurz vor der Vollendung.

Die Verbesserung des öffentlichen Personennahverkehrs durch die elektrifizierten Schienenbahnen und des Individualverkehrs durch die geplanten Autobahnen ist Voraussetzung für die enge Verflechtung der Siedlungszentren an den Achsen des großen „U" im Weser-Jade-Raum, die sich insbesondere als Pendlerverflechtung in den Stadtregionen niederschlägt und ablesen läßt.

Abschließend sei noch darauf hingewiesen, daß für die Abgrenzung der Ordnungsräume um die Verdichtungsräume Bremen und Bremerhaven, die fast auf die Gemeinde genau dem Kerngebiet der Stadtregionen entsprechen, sich ebenfalls die Stadtregionen mit ihrer Verstädterten und Randzone als Vorbild anbieten. Hierbei sollten jedoch — der Gemeindegebietsreform entsprechend — die von der Stadtregionsabgrenzung nach dem Stande der Volkszählung 1970 überwiegend erfaßten Großgemeinden und Samtgemeinden als Ganzes in den Ordnungsraum einbezogen werden. Der Strukturausschuß der Ministerkonferenz für Raumordnung hat sogar empfohlen, geschlossene Nahbereiche in die Ordnungsräume einzubeziehen.

Die Stadtregionen in Hessen und im weiteren Rhein-Main-Gebiet

von

Werner Nellner, Bonn-Bad Godesberg

I. Vorbemerkung

Die Abgrenzung der Stadtregionen in Hessen und im weiteren Rhein-Main-Gebiet auf der Basis der Volkszählungsdaten 1961 hat den Rahmen für die Neuabgrenzung 1970 gesetzt. Da sich im Laufe der sechziger Jahre der Agglomerationsprozeß aber erheblich intensiviert hat, mußten nun in erhöhtem Maße auch außerhessische Gebiete in die Untersuchung einbezogen werden. Das trifft im besonderen Maße auf den großen Verdichtungsraum am unteren Main und an dessen Mündungsgebiet zu.

Außer den schon 1950 und 1961 ausgewiesenen sieben Stadtregionen war auch der bisher lediglich als „potentielle Stadtregion" anerkannte Marburger Raum zu untersuchen. Ihm konnte nunmehr der Status einer eigenen Stadtregion zuerkannt werden. Weitere Ballungskerne, die einer Untersuchung bedurft hätten, gab es 1970 in Hessen nicht.

Die Reihenfolge der Stadtregionen nach ihrer Einwohnerzahl ist gegenüber 1961 unverändert geblieben. Auch die Zahl ihrer Kernstädte hat sich nicht verändert. Die beiden größten Stadtregionen mit je zwei Kernstädten füllen den größten Teil des Rhein-Main-Gebietes aus: Frankfurt/Offenbach zählte 1970 rd. 1 855 100 Einwohner, Wiesbaden/Mainz folgte mit nahezu 788 900 Einwohnern. An sich wäre es auch möglich gewesen, der kreisfreien Stadt Hanau den Status einer dritten Kernstadt innerhalb der Stadtregion Frankfurt/Offenbach zuzubilligen. Von der Einwohnerzahl (55 379 Personen) wäre das ebenso vertretbar gewesen wie von der Ausstattung mit tertiären Diensten und Einrichtungen. Um jedoch den schon aus methodischen Gründen erschwerten Vergleich mit der Abgrenzung 1961 nicht noch mehr zu belasten, wurde Hanau als Teil des Ergänzungsgebiets belassen. An dritter Stelle steht die Stadtregion Kassel mit knapp 409 200 Einwohnern. Die folgenden Plätze werden von Darmstadt (306 200 Einwohner), Gießen (173 600 Einwohner), Fulda (126 700 Einwohner), Wetzlar (118 700 Einwohner) und Marburg (102 300 Einwohner) eingenommen.

Die Abgrenzung der Stadtregionen stieß namentlich im Rhein-Main-Gebiet auf Schwierigkeiten, da hier die Kerngebiete der Verdichtungsräume um Frankfurt/Offenbach, Wiesbaden/Mainz und Darmstadt auf breiter Front unmittelbar aneinander grenzen. Die Zuweisung der entsprechenden Gemeinden konnte nur mit Hilfe der überwiegenden Pendlerströme und der Ermittlung der hauptsächlichen Einflußbereiche erfolgen. Ähnlich war auch die Situation an der Grenze der Stadtregion Frankfurt/Offenbach zur unterfränkischen Stadtregion Aschaffenburg. — Auch im Lahn-Dill-Gebiet, wo die dicht benachbarten Stadtregionen Gießen und Wetzlar mit der neuen Stadtregion Marburg einen markanten Verdichtungsraum bilden, beginnt die Trennung der drei Regionen schwerer zu werden.

Neue Aspekte der Abgrenzung und Gliederung von Stadtregionen ergeben sich im Untersuchungsgebiet auch aus den bis zum 25. Mai 1970 durchgeführten Verwaltungsgebietsreformen. Sie wurden im rheinland-pfälzischen Teil des Untersuchungsraumes im allgemeinen im Juni 1969 wirksam und betrafen sowohl die Landeshauptstadt Mainz als auch die beiden hier interessierenden neuen Landkreise Mainz/Bingen und Alzey/Worms.

In Hessen wurden die ersten das Gebiet der Stadtregionen betreffenden administrativen Neuordnungen 1964 durchgeführt. Es handelt sich dabei um die Zusammenlegung von drei kleineren Gemeinden südwestlich von Kassel zu einer neuen Gemeinde Baunatal. Auch in den folgenden Jahren ist der Kasseler Raum wiederholt von solchen Gebietsveränderungen betroffen worden.

Andere Schwerpunkte solcher Neuordnungen waren der Raum Gießen/Wetzlar, das Gebiet um Fulda, wo sich die Zahl der in die Stadtregion aufzunehmenden Gemeinden allein um zehn verminderte, sowie der ostwärtige Teil der Stadtregion Frankfurt/Offenbach. Die kommunale Gebietsreform hat jedoch außer in Mainz die anderen Kernstadtgemarkungen nicht oder doch nur unwesentlich verändert. Bei ihnen ist also ein Vergleich mit 1961 noch durchaus möglich. Schwieriger ist er dagegen bei den Ergänzungsgebieten und Verstädterten Zonen.

II. Hauptergebnisse der Neuabgrenzungen

Die räumliche Ausdehnung der Stadtregionen, die schon zwischen 1950 und 1961 beachtlich war, hat sich bis 1970 nochmals verstärkt. Bei der Abgrenzung 1961 wurden in den damaligen sieben Regionen 608 Gemeinden ermittelt. Im Jahre 1970 umfaßten diese älteren Stadtregionen dagegen 796 Gemeinden. Diese Zahl läge sogar noch um 31 Gemeinden höher, wenn diese nicht zwischen den Abgrenzungen von 1961 und 1970 eingemeindet oder mit anderen Gemeinden zusammengelegt worden wären. Die Erhöhung der Gemeindezahlen geht überwiegend auf die Erweiterung der Randzonen zurück. Nun sind zu den 796 Gemeinden der älteren Regionen noch die 64 Gemeinden der neuen Stadtregion Marburg hinzuzurechnen. Die Zahl der Stadtregionsgemeinden des Untersuchungsgebietes belief sich also 1970 auf insgesamt 860 Verwaltungseinheiten. Ihre Zahl hat sich demnach seit 1961 verdoppelt.

Die Einbeziehung neuer Gemeinden und die Vergrößerungen von Gemarkungsflächen durch Zusammenlegungen und totale oder teilweise Eingemeindungen an den Rändern haben naturgemäß eine beträchtliche Ausdehnung des von den Stadtregionen eingenommenen Areals verursacht (2033 qkm, d. s. 36,8 %). Die Gesamtfläche der Stadtregionen hat sich auf 7558 qkm erhöht. Nach Länderanteilen ergibt sich folgendes Bild:

Von der Gesamtfläche der Stadtregionen des Untersuchungsgebietes entfielen auf

	Hessen	Rheinland-Pfalz	Bayern	Niedersachsen	insgesamt
Fläche qkm 1961	5002	429	17	77	5525
1970	6846	539	94	79	7558
Zunahme	1844	110	77	2	2033

Ergänzend zu diesen Daten bringt die Tabelle 1 eine Aufgliederung der räumlichen Entwicklung der einzelnen Stadtregionen. Die beiden Übersichten lassen vor allem folgendes erkennen:

— In Hessen wird 1970 bereits knapp ein Drittel der Gesamtfläche des Landes von den Stadtregionen eingenommen.
— Nicht nur die beiden größten Stadtregionen, sondern auch Darmstadt als dritte im Rhein-Main-Gebiet gelegene Region hat — gemessen an hessischen Verhältnissen — ein relativ hohes räumliches Wachstum.
— Die Zunahme der Regionsfläche im Osten des Verdichtungsraumes um Frankfurt/Offenbach war verhältnismäßig groß; hier ist auch ein erheblicher Teil des unterfränkischen Landkreises Alzenau einbezogen worden. Noch größer ist allerdings, wie das Kartenbild zeigt, die im Norden dieses Verdichtungsraumes neu aufgenommene Fläche.
— Auch das Areal der durch ihre Lage im „Zonenrandgebiet" gelegenen und wirtschaftlich weniger begünstigten Stadtregion Kassel hat sich beträchtlich vergrößert.

Tabelle 1: *Fläche und Bevölkerung der Stadtregionen in Hessen und im weiteren Rhein-Main-Gebiet 1961 und 1970*

Stadtregion Jahr	Fläche qkm	Bevölkerung
Darmstadt		
1961	412	241 104
1970	570	306 154
Veränderung		
absolut	158	65 050
%	38,3	27,0
Frankfurt/Offenbach		
1961	1785	1 474 847
1970	2468	1 855 113
Veränderung		
absolut	683	380 266
%	38,3	25,8
Fulda		
1961	552	110 611
1970	618	126 692
Veränderung		
absolut	66	16 081
%	12,0	14,5
Gießen		
1961	497	159 093
1970	468	173 642
Veränderung		
absolut	—29	14 549
%	—5,8	9,1

Noch Tabelle 1:

Stadtregion Jahr	Fläche qkm	Bevölkerung
Kassel		
1961	853	341 744
1970	1101	409 165
Veränderung		
absolut	248	67 421
%	29,1	19,7
Marburg		
1970	441	102 282
Wetzlar		
1961	380	109 181
1970	431	118 698
Veränderung		
absolut	51	9 517
%	13,4	8,7
Wiesbaden/Mainz		
1961	1044	635 802
1970	1460	788 859
Veränderung		
absolut	416	153 057
%	398	24,1
Stadtregionen insgesamt		
1961*)	5525	3 072 382
1970	7558	3 880 607
Veränderung		
absolut	2033	808 225
%	36,8	26,3

*) 1961 ohne Stadtregion Marburg.

— Insgesamt gesehen bleibt der Flächenzuwachs der hessischen Stadtregionen aber nicht unwesentlich unter dem Durchschnitt aller Stadtregionen des Bundesgebietes (50,5 %). Die sieben alten Regionen zusammengenommen erreichen nur eine Zuwachsrate von 28,8 %, bezieht man die neue Stadtregion Marburg mit ein, dann errechnet sich ein Wert von 36,8 %.

— Besonders gering ist die Vergrößerung der Regionsfläche in den Räumen Fulda (12,0 %) und Wetzlar (13,4 %). Gießen hat sogar eine Einbuße des Areals erfahren (—5,8 %); hierauf wird noch einzugehen sein.

In welchem Umfang sich die Neuabgrenzung und die territorialen Veränderungen auf den Bevölkerungsstand der Stadtregionen und ihrer Zonen ausgewirkt haben, ist außer aus der Tabelle 1 auch aus der Tabelle 2 zu entnehmen. Danach hat die Einwohnerzahl der schon 1950 und 1961 nachgewiesenen Regionen im jüngsten Beobachtungszeitraum um rd. 705 900 Personen (= 22,9 %) auf 3 778 325 Personen zugenommen.

Einschließlich des Marburger Raumes zählten die Stadtregionen des Untersuchungsgebietes 3 880 607 Einwohner. Die Zunahme der Stadtregionsbevölkerung in Hessen und im weiteren Rhein-Main-Gebiet belief sich also auf 808 225 Menschen (= 26,3 %).

Von dieser Regionsbevölkerung entfallen, wie die folgende Übersicht zeigt, 283 122 auf den rheinland-pfälzischen Anteil der Stadtregion Wiesbaden/Mainz und 3 558 870 Personen auf Hessen. Damit lebten 1970 bereits 66,1 % der hessischen Bevölkerung innerhalb von Stadtregionen! Ein Blick auf die o. g. Flächenzahlen macht deutlich, wie stark die Bevölkerungskonzentration in diesen sozio-ökonomischen Räumen ist, und welche Rolle hierbei wiederum das Gebiet der Rhein-Main-Agglomeration spielt.

Von der Bevölkerung der Stadtregionen des Untersuchungsraumes entfielen auf:

	Hessen	Rheinland-Pfalz	Bayern	Niedersachsen	insgesamt
1961	2 826 619	231 055	7 286	7 422	3 072 382
1970	3 558 870	283 122	30 603	8 012	3 880 607
Zunahme	732 251	52 067	23 317	590	808 225

Den Hauptanteil an der Zunahme der Regionsbevölkerung hatten im Durchschnitt des Untersuchungsraumes die Ergänzungsgebiete. Ihr Anteil erhöhte sich von 17,5 % im Jahre 1961 auf 25,6 %. Dagegen verringerte sich der Anteil der Verstädterten Zonen von 20,4 % auf 18,6 %. Das Bild ändert sich auch nicht wesentlich, wenn Marburg ausgeklammert wird. Es zeigt sich, daß die auf eine Verkleinerung der Verstädterten Zonen gerichtete Konzeptionsänderung hier nur bedingt wirksam geworden ist. Das wird deutlich, wenn man z. B. die entsprechenden Werte für die Stadtregionen Frankfurt/Offenbach und Wiesbaden/Mainz betrachtet. In beiden Fällen ist die Bevölkerung in der Verstädterten Zone gewachsen, im letzteren Fall ist die Erhöhung um 66,8 % sogar ganz beträchtlich. Damit wird offenbar, daß in den Gemeinden, die heute zu Verstädterten Zonen gehören, sich eine nicht unerhebliche Bevölkerungskonzentration vollzogen hat. Sie ging naturgemäß Hand in Hand mit einem größeren strukturellen Wandel. Das trifft in erster Linie auf die ökonomischen Schwerpunktgebiete zu. Zumindest in diesen Räumen scheinen zahlreiche Gemeinden der Verstädterten Zonen heute schon Funktionen auszuüben, die früher Ergänzungsgebietsgemeinden zu eigen waren. — Die Erhöhung der Einwohnerzahlen der Verstädterten Zonen der beiden eben erwähnten Stadtregionen hat jedoch nicht verhindern können, daß ihr jeweiliger Anteil an der Regionsbevölkerung zurückgegangen ist.

Interessant ist in diesem Zusammenhang auch die Tatsache, daß, mit Ausnahme von Gießen, das demographische Gewicht der Kernstädte abgenommen hat. Das trifft sogar auf Wiesbaden/Mainz zu, wo die rheinland-pfälzische Landeshauptstadt durch Eingliederung von sechs Gemeinden einen nennenswerten Zuwachs hatte. Es darf angenommen werden, daß ohne diese Eingemeindungen die Bevölkerung der Kernstädte, wie in Frankfurt/Offenbach (—12 335 Personen = —1,5 %) und in Wetzlar (—659 Personen = —1,8 %), zurückgegangen wäre oder doch zumindest stagniert hätte.

Die Zahl der Randzonengemeinden hat sich in den sieben älteren Stadtregionen um 178 auf 413 erhöht, kommunale Neuordnungen einmal unberücksichtigt gelassen. Die schon hier zum Ausdruck kommende Erweiterung dieser Zonen wirkt sich selbstverständ-

Tabelle 2:

Der Bevölkerungsanteil in den Zonen der Stadtregionen 1961 und 1970 in %

Stadtregion	Abgrenzung	Kernstadt	Ergänzungs-gebiet	Verstädterte Zone	Randzone	Stadtregion insgesamt
Darmstadt	1961	56,6	10,8	30,0	2,6	100
	1970	46,1	23,8	23,0	7,0	100
Frankfurt/Offenbach	1961	54,2	26,0	17,2	2,6	100
	1970	42,4	36,5	15,9	5,1	100
Fulda	1961	40,8	8,3	22,0	28,9	100
	1970	35,9	10,0	10,8	43,2	100
Gießen	1961	41,7	6,0	36,4	15,9	100
	1970	43,5	12,6	27,1	16,7	100
Kassel	1961	60,7	5,4	24,5	9,4	100
	1970	52,3	8,8	22,7	16,2	100
Marburg	1970	45,9	2,4	19,7	32,0	100
Wetzlar	1961	34,2	—	47,2	18,6	100
	1970	30,8	5,8	39,0	24,3	100
Wiesbaden/Mainz	1961	61,0	14,4	12,8	11,8	100
	1970	53,5	20,7	17,2	8,6	100
Alle Stadtregionen	1961*)	54,6	17,5	20,4	7,5	100
	1970	45,6	25,6	18,6	10,2	100

*) 1961 ohne Stadtregion Marburg. — Differenzen in den Summen durch Runden.

lich auch in einer Erhöhung der Einwohnerzahlen aus. Da es sich bei den neuhinzugekommenen Gemeinden aber im allgemeinen um weniger große Orte handelt, ist die Steigerungsrate und damit der demographische Gewichtsgewinn im Mittel relativ bescheiden.

III. Die Entwicklung in den einzelnen Stadtregionen

Die bisherigen Ausführungen haben bereits erkennen lassen, daß den hier behandelten Stadtregionen nicht nur recht charakteristische Merkmale zu eigen sind, sondern daß sich auch aus ihrer Lage im Raum und/oder aus ihren Wechselbeziehungen einige interessante Tatbestände ergeben. Wenn sie im folgenden kurz behandelt werden, dann soll das innerhalb von drei Gebietsgruppen geschehen:

Rhein-Main-Gebiet mit den Stadtregionen
Frankfurt/Offenbach
Wiesbaden/Mainz und
Darmstadt;
Lahn-Dill-Gebiet mit den Stadtregionen
Gießen,
Marburg und
Wetzlar;
Nordhessisches Grenzgebiet mit den Stadtregionen
Kassel und
Fulda.

1. Das Rhein-Main-Gebiet

Das Gebiet des unteren Main und sein Mündungsgebiet haben im letzten Jahrzehnt ihre Stellung als einer der stärksten Wirtschaftsräume des Bundesgebietes noch weiter ausgebaut. Die drei Stadtregionen Frankfurt/Offenbach, Wiesbaden/Mainz und Darmstadt füllen heute mit ihren Kerngebieten nicht nur den gesamten Raum der Niederung aus, sondern beziehen an vielen Stellen auch die Hänge des Hochtaunus und anderer Randlandschaften ein. An sich ist zu dieser rd. 2 950 000 Menschen zählenden Großagglomeration auch noch die Stadtregion Aschaffenburg mit 156 564 Einwohnern zu rechnen, die unmittelbar mit ihr zusammengewachsen ist.

a) Stadtregion Frankfurt/Offenbach

Welches Gewicht der größten Stadtregion des Untersuchungsgebiets zukommt, mag eine einzige Zahl verdeutlichen: In ihren Grenzen leben 63 % aller Bewohner der Rhein/Main-Agglomeration. Auch hinsichtlich des absoluten Bevölkerungszuwachses seit 1961 steht diese Region mit 380 266 Personen weitaus an der Spitze der hessischen Regionen und an vierter Stelle unter den Stadtregionen des Bundesgebietes. Allerdings machen sich auch erste Zeichen einer Verlangsamung des Verdichtungsprozesses bemerkbar: Der Bevölkerungszuwachs war nicht mehr so groß wie in der Zeit zwischen 1950 bis 1961; die Kernstädte hatten nun einen geringen Bevölkerungsverlust, und das Ergänzungsgebiet erreichte zwar noch einen etwas über dem hessischen Mittel liegenden Zuwachs (76,9 %), blieb aber unter dem entsprechenden Wert für alle Stadtregionen des Bundesgebietes.

Es spricht vieles dafür, daß sich seit der Abgrenzung von 1961 der Entwicklungsschwerpunkt in die Verstädterte Zone zu verlagern beginnt (Zuwachsrate = 16,4 %), zumal ja auch ihr Flächenzuwachs recht groß war (684 qkm). Auch die Randzone hat, wie zu erwarten war, eine recht starke Vergrößerung ihrer Einwohnerzahl (+ 56 195 Personen = 145,4 %) zu verzeichnen.

Es wurde schon darauf hingewiesen, daß sich die große Erweiterung der Stadtregion Frankfurt/Offenbach im Norden und Osten vollzog. In nördlicher Richtung hat sie sich vor allem entlang der Bundesbahnlinie und der Autobahn Frankfurt—Limburg über die Stadt Camberg hinaus bis nahe an die Lahn geschoben. Über Usingen breitet sie sich in Richtung der Stadtregion Wetzlar aus, und auch in der verkehrsgünstigen Wetterau sind zahlreiche Gemeinden neu in die Region aufgenommen worden. Ähnlich ist die Situation im Kinzigtal, wo sich das Regionsgebiet über die Stadt Gelnhausen nach Osten vorgeschoben hat.

Das Beispiel dieser kleineren Städte läßt erkennen, daß die Randzone gerade in diesen Gebieten immer wieder von keilartig vorgetriebenen Gemeindekomplexen der Verstädterten Zone und von inselartig eingestreuten Gruppen solcher Gemeinden unterbrochen wird.

b) Stadtregion Wiesbaden/Mainz

Die Grenze dieser Stadtregion zur Stadtregion Frankfurt/Offenbach ist außerordentlich schwer festzulegen, da sich hier die wechselseitigen Einflüsse stark überlagern. Ihr demographisches Wachstum (24,1 %) steht nur wenig demjenigen der großen Nachbarregion nach. Das trifft vor allem auf das Ergänzungsgebiet zu. In beiden Fällen errechnen sich für die Wachstumsraten ähnliche Werte. Einen besonderen wirtschaftlichen und demographischen Schwerpunkt innerhalb des Ergänzungsgebietes bildet Rüsselsheim, in das auch die baulich mit ihr zusammengewachsene Gemeinde Bauschheim eingemeindet worden ist. Diese Stadt zählte im Juni 1970 bereits 59 861 Bewohner, das sind 36,7 % des 163 025 Menschen zählenden Ergänzungsgebietes. — Auf die unterschiedliche Entwicklung der Kernstädte wurde bereits hingewiesen.

Hoch ist auch der Bevölkerungsgewinn der Verstädterten Zone (66,8 %). Der Grund liegt auch hier wiederum in der lebhaften Siedlungstätigkeit namentlich in den zwischen Rhein und rheinhessischen Hügelland, im Rheingau und ostwärts von Wiesbaden gelegenen Orten. Dabei fällt aber auf, daß am häufigsten von dieser Verdichtung Gemeinden betroffen worden sind, die schon bisher zur Verstädterten Zone gehörten. Ein besonders markantes Beispiel bietet die Gemeinde Bleidenstadt (Untertaunuskreis), die 1970 bereits den für das Ergänzungsgebiet festgelegten Schwellenwert erreicht hat. Sie wurde dieser Zone jedoch nicht zugeteilt, da zwischen ihr und Wiesbaden der breite Waldriegel des vorderen Taunus liegt. — Die Zahl ehemaliger Gemeinden der Randzone, die in die Verstädterte Zone umgestuft werden mußten, ist nicht besonders groß. Des weiteren ist für diese Zone der relativ hohe Anteil der landwirtschaftlichen Erwerbspersonen charakteristisch. Hier kommt ohne Zweifel der beachtliche Wein-, Obst- und Erwerbsgartenbau in diesem Raum zum Tragen.

Eine recht bemerkenswerte Erscheinung ist schließlich, daß die Randzone einen Bevölkerungsverlust von 10,0 % hatte. Unter den 72 Stadtregionen des Bundesgebietes gibt es nur fünf solcher Fälle! Die Erklärung ist in der Abgabe bevölkerungsreicher Gemeinden an die Verstädterte Zone, aber auch in der Einbeziehung von neuen, meist bevölkerungsarmen Gemeinden zu suchen.

c) Stadtregion Darmstadt

Die Entwicklungsmöglichkeiten der Stadtregion Darmstadt — mit 306 154 Einwohnern nur etwa ein Sechstel so groß wie die nördlich unmittelbar angrenzende Region Frankfurt/Offenbach — dürften in Zukunft relativ gering sein. Die Stadt Darmstadt selbst hat innerhalb ihrer derzeitigen Gemarkung nur noch wenig Raum für Wohnsiedlungen, Industrieansetzung usw., wenn nicht noch mehr Waldflächen eingeschlagen werden sollen. Mit einer Bevölkerungszunahme von lediglich 3,5 % war auch schon zwischen 1961 und 1970 das Wachstum relativ bescheiden.

Sehr lebhaft war dagegen die Entwicklung des Ergänzungsgebietes. Zu ihm gehörten 1961 fünf Gemeinden. Bis 1970 sind aus dem Bereich der Verstädterten Zone sechs weitere hinzugekommen, so daß heute das Ergänzungsgebiet einen nahezu geschlossenen Ring um die Kernstadt bildet. In ihnen lebten 72 881 Menschen, das sind 46 656 oder 177,9 % mehr als bei der Abgrenzung 1961. Dementsprechend ist auch ihr demographisches Gewicht innerhalb der Region von 10,8 % auf 23,8 % gewachsen.

Die Stadtregion Darmstadt ist aber nicht nur im Norden, sondern auch im Westen in ihren Ausweitungsmöglichkeiten begrenzt. Hier stößt sie an die Region Wiesbaden/Mainz. Im Südwesten ist sie der Rhein-Neckar-Agglomeration unmittelbar benachbart, und im Osten, im nördlichen Odenwald, konkurrieren ihre Einflüsse vor allem mit denen der Stadtregion Frankfurt/Offenbach. Außerdem gibt es hier einige kleinere, gut entwickelte Gewerbeorte, die Arbeitsplätze auch für die nähere Umgebung bieten. Diese Situation hat auch die Ausbildung einer mehr oder weniger geschlossenen Verstädterten Zone verhindert. Ihre Einwohnerzahl ist um 1720 Personen (—2,4 %) zurückgegangen. — Die Randzone hat sich lediglich im Osten und Südosten in den Odenwald hinein erweitern können, hier, im Vergleich zu früher, allerdings recht kräftig. Ihr Areal ist von 41 qkm auf 123 qkm gewachsen. Die Einwohnerzahl stieg gleichfalls überdurchschnittlich um 15 402 Personen (249,0 %) auf 21 488 Bewohner.

2. Das Lahn-Dill-Gebiet

In diesem Raum hat sich namentlich durch das Hinzutreten der neuen Stadtregion Marburg der Ansatz zur Bildung einer neuen größeren Agglomeration angebahnt. Die drei sich in der Größenordnung ähnelnden Regionen nahmen 1970 eine Fläche von 1340 qkm ein; sie war also insgesamt nur wenig kleiner als die Stadtregion Wiesbaden/Mainz. Mit 394 622 Einwohnern erreichten die drei Regionen zusammengenommen allerdings nur etwa die Hälfte der Bevölkerungszahl der Stadtregionen an der Mainmündung.

a) Stadtregion Gießen

Wie schon in der Zeit von 1950 bis 1961 liegt auch heute noch das Schwergewicht innerhalb dieses Verdichtungsraumes bei der Stadtregion Gießen, auf die 44,0 % der Gesamtbevölkerung entfallen. Das Ergebnis der Neuabgrenzung ist in mehrfacher Hinsicht interessant. Wie ein Vergleich der Kartenbilder 1961 und 1970 zeigt, ist das Areal dieser Stadtregion seit 1961 nahezu konstant geblieben. Einem Gewinn von drei Gemeinden steht ein Abgang von vier Gemeinden der Abgrenzung 1961 gegenüber. Von ihnen sind zwei Gemeinden, darunter die Kleinstadt Lich, aufgrund der veränderten Kriterien und Schwellenwerte ganz ausgeschieden; je eine Gemeinde ging an die benachbarten Regionen. Der Grund für das Ausscheiden von Lich liegt vor allem in der Erhöhung der industriellgewerblichen Arbeitsplätze begründet. Dadurch haben sich die Pendlerbeziehungen zur Kreisstadt Gießen gelockert.

Das „Auswechseln" von Gemeinden hat zwar per saldo zu einer Verkleinerung des Regionsareals um 29 qkm (—5,8 %) geführt, sie hat sich aber nur bedingt in der Bevölkerungsentwicklung niedergeschlagen. Sowohl für die Stadt Gießen als auch für ihr Ergänzungsgebiet errechnen sich überdurchschnittliche Zuwachsraten. Für Gießen beträgt sie 14,0 %, für das Ergänzungsgebiet sogar 128,2 % (12 317 Personen). Dem lebhaften Ausbau des Kerngebietes steht eine kräftige Abnahme der Verstädterten Zone gegenüber (—10 683 Einwohner = —18,5 %), vornehmlich eine Folge der Veränderung der Gliederungskonzeption.

Die Randzone hat sich nur unwesentlich verändert. Den 33 Gemeinden, die 1961 ermittelt wurden, stehen nun 39 Randzonengemeinden gegenüber. Die Zahl der Bewohner hat nur um 3651 Personen (14,4 %) auf wenig mehr als 29 000 zugenommen.

b) Stadtregion Wetzlar

Die Entwicklung der Wetzlarer Region ähnelt in manchem derjenigen der benachbarten Stadtregion. Auch hier haben sich die Außengrenzen nur verhältnismäßig geringfügig verschoben, und auch hier bleibt die demographische Entwicklung mit einer Zunahme von nur 8,7 % weit unter dem Durchschnitt. Die neu aufgenommenen Gemeinden sind nur der Randzone zugute gekommen. Weitere Kennzeichen dieser Regionen sind die Bevölkerungsabnahme der Kernstadt (—1,8 %), das erstmalige Auftreten einer Ergänzungsgebietsgemeinde sowie die Minderung der Einwohnerzahl der Verstädterten Zone (—10,2 %). Diese nahezu eine Stagnation der Entwicklung andeutenden Gegebenheiten dürften ihre Ursachen vornehmlich in der schwierigen wirtschaftlichen Situation dieses Raumes haben.

c) Stadtregion Marburg

Diese neue Stadtregion ist der Einwohnerzahl nach z. Z. noch die kleinste unter den hessischen Stadtregionen und besitzt wie Wetzlar nur eine Ergänzungsgebietsgemeinde (Marbach). Die Verstädterte Zone stellt sich als ein schmales Band von Lahntal-Gemeinden dar, unter denen aber Cölbe schon den Status einer Ergänzungsgebietsgemeinde erreicht hat. Sie konnte jedoch — der Konzeption entsprechend — nicht zu dieser Zone geschlagen werden, da sie mit der Stadt Marburg keine gemeinsame Grenze besitzt. Die Randzone erscheint sehr weit gefaßt. Bei einem gleich strengen Maßstab für die Festlegung der Außengrenzen der Regionen wie 1961 wäre hier ohne Zweifel eine Reihe von Gemeinden nicht aufgenommen worden. Wahrscheinlich würden dann die Randzonen der Stadtregionen Marburg und Gießen auch nicht auf so breiter Front aneinandergrenzen, wie sich aus dem Fall der kleinen Gemeinde Erbenhausen folgern läßt; ihre Pendlerbeziehungen sind in beiden Richtungen so schwach ausgebildet, daß der Ort keiner der beiden Randzonen zugeordnet werden kann.

3. Nordhessisches Grenzgebiet

Die beiden Stadtregionen, die hier zu untersuchen sind, unterscheiden sich von den bisher behandelten Regionen vor allem durch ihre isolierte Lage in einem auch heute noch weitgehend agrarischen Raum. Sie haben sich um wichtige Zentren von Wirtschaft und Verkehr innerhalb von weiten Beckenlandschaften entwickelt. Erschwerend hat sich in mancherlei Hinsicht jedoch die nahe Demarkationslinie zur DDR ausgewirkt.

a) Stadtregion Kassel

Die Stadtregion Kassel ist nicht allein der größte, sondern auch der bedeutendste hessische Verdichtungsraum außerhalb der Rhein-Main-Agglomeration. Trotz ihrer Abseitslage im ostwärtigen Grenzsaum der Bundesrepublik ist es gelungen, ihre wirtschaftliche und kulturelle Ausstrahlungskraft während der sechziger Jahre noch zu verstärken. Obgleich das Kasseler Stadtgebiet von den administrativen Gebietsreformen in seiner Nachbarschaft nicht profitiert hat, konnte die Zahl der Einwohner und der Arbeitsplätze doch erhöht werden. Die Bevölkerung wuchs um 6 649 Personen (3,5 %) auf 214 156 Bewohner. Die Einwohner-/Arbeitsplatzdichte liegt mit 3 234 Personen/qkm höher als etwa in Darmstadt oder in Wiesbaden.

Die eben erwähnte kommunale Neuordnung erschwert einen Vergleich mit den Ergebnissen von 1961 zum Teil beträchtlich. Das trifft vor allem auf das Ergänzungsgebiet und auf die Verstädterte Zone zu. Der heutige Umfang des Ergänzungsgebietes vermag auch die tatsächlichen Verhältnisse nicht wiederzugeben. Einige Beispiele mögen dies verdeutlichen. Die beiden 1961 noch selbständigen Gemeinden Ihringshausen und Niedervellmar waren Teile des Ergänzungsgebietes. Dieser Charakter hat sich bis 1970 noch beträchtlich verstärkt. Trotzdem haben sie diesen Status verloren, weil sie mit anderen, mehr „ländlichen" Gemeinden zu einer neuen Gemeinde Vellmar zusammengelegt wurden. Die neue Gemeinde konnte nur der Verstädterten Zone zugeordnet werden. — Im Südwesten der Stadt Kassel entstand durch Zusammenlegung mehrerer kleinerer Gemeinden die neue Gemeinde Baunatal (Standort eines VW-Werkes). Einzelne der älteren Orte entsprechen aber auch heute noch nicht den Forderungen, die an eine Ergänzungsgebietsgemeinde zu stellen sind.

Bei allem Vorbehalt, der einem Vergleich mit 1961 entgegenzubringen ist, läßt sich doch feststellen, daß sowohl das Ergänzungsgebiet als auch die Verstädterte Zone einen starken Bevölkerungszuwachs zu verzeichnen haben. Die höchste Zuwachsrate besitzt jedoch die Randzone (34 193 Personen = 106,5 %). Die Ausweitung dieser Zonen um 101 qkm auf 717 qkm verdient vor allem auch hinsichtlich der Entwicklungsrichtung Beachtung. Sie ist vorzugsweise nach Westen auf Wolfhagen und Naumburg sowie nach Südwesten auf Fritzlar zu gegangen. Im Norden, Nordosten und Südosten sind die Stadtregionsgrenzen von 1961 nicht mehr überschritten worden. Nur im Osten ist durch die Einbeziehung einiger in den Tälern zwischen Kaufungerwald und Söhre gelegenen Orte (z. B. Helsa) in die Verstädterte Zone eine bescheidene Erweiterung erfolgt.

b) Stadtregion Fulda

Die Einwohnerzahl dieser Region hat zwar in den 60iger Jahren stärker zugenommen (40,5 %) als in den 50iger Jahren, doch drängt sich insgesamt gesehen der Eindruck eines gewissen Stagnierens der Entwicklung auf. Das trifft nicht allein auf die Kernstadt zu, deren Bevölkerungszahl sich kaum verändert hat (+0,9 %). Im Vergleich zu anderen hessischen Regionen ist auch der Zuwachs des Ergänzungsgebietes bescheiden (38,7 %). Nach wie vor wird dieses Gebiet von drei Gemeinden gebildet, deren kleine Gemarkungsflächen kaum eine weitere Verdichtung zulassen. Obgleich aus der Verstädterten Zone keine Gemeinden in das Ergänzungsgebiet umgestuft werden mußten, ist sie hinsichtlich Fläche und Einwohnerzahl dennoch kleiner als 1961. Sie umfaßt nur noch 15 Gemeinden mit 49 qkm und 13 691 Bewohnern. Der Bevölkerungsrückgang errechnet sich also auf 10 645 Personen (—43,7 %)! Der Verlust ist ausschließlich auf das Überwechseln von Gemeinden der bisherigen Verstädterten Zone in die Randzone verursacht worden. Dennoch nimmt sich auch das Wachstum der Randzone vergleichsweise bescheiden aus (22 769 Personen = 71,2 %). Es hat sich fast ausschließlich innerhalb der schon 1961 festgelegten Grenzen vollzogen. Erweiterungen der Stadtregionsgrenzen gibt es nur an einigen wenigen Stellen.

Die Stadtregionen in Nordrhein-Westfalen

von

Henry Pohle, Düsseldorf

Die Untersuchungen zur Neuabgrenzung der Stadtregionen nach dem Stand vom 27. 5. 1970 in Nordrhein-Westfalen erstreckten sich auf folgende 13 Stadtregionen:

1. Aachen,
2. Bielefeld,
3. Bonn/Siegburg,
4. Düren,
5. Hamm,
6. Herford,
7. Lüdenscheid,
8. Minden,
9. Mönchengladbach/Rheydt/Viersen,
10. Münster,
11. Paderborn,
12. Agglomeration Rhein-Ruhr,
13. Siegen.

Wie bei der vorangegangenen Abgrenzung von 1961 wurden die früheren Agglomerationsräume Düren, Lüdenscheid und Paderborn weiterhin aufgrund ihrer erheblich gestiegenen Wohnbevölkerung — jeweils über 140 000 Einwohner — als Stadtregionen behandelt.

Die 1950 noch getrennt nachgewiesenen Stadtregionen

Ruhrgebiet,
Köln,
Wuppertal/Solingen/Remscheid,
Düsseldorf,
Krefeld,
Iserlohn

blieben entsprechend der vorstehenden Gliederung unverändert zur Agglomeration Rhein-Ruhr zusammengefaßt. Die Stadtregion Bielefeld schloß erstmalig auch die Stadt Gütersloh ein, die 1961 noch als Kern eines eigenen Agglomerationsraumes untersucht worden war.

I. Die Stadtregionen 1970

Die in der Neuabgrenzung nach dem Stande der Volkszählung 1970 (27. 5. 1970) ausgewiesenen 13 Stadtregionen umfaßten eine Fläche von rd. 14 967 qkm, eine Wohnbevölkerung von 13 583 300 Einwohnern und 5 641 400 Erwerbstätige am Wohnort bzw. 5 724 300 am Arbeitsort. Obgleich — von der Fläche her gesehen — auf die Stadtregionen insgesamt rd. zwei Fünftel des Landes Nordrhein-Westfalen entfielen, stellten sie die wirtschaftlich entscheidenden Teile, wobei das Schwergewicht bei der Agglomeration Rhein-Ruhr (7868 qkm, 9 905 600 Einwohner) lag. Im einzelnen lauteten die Anteilswerte sämtlicher Stadtregionen am Ergebnis für Nordrhein-Westfalen:

- a) Fläche 44,0 %,
- b) Wohnbevölkerung 80,3 %,
- c) Erwerbstätige am Wohnort 81,1 %,
- d) Erwerbstätige am Arbeitsort 82,0 %,
- e) Berufs-Auspendler 78,4 %,
- f) Berufs-Einpendler 82,2 %.

Da die Stadtregionen nur in wenigen Fällen auch geringe Teile der benachbarten Länder Niedersachsen, Hessen und Rheinland-Pfalz einschlossen, erschien ein besonderer Nachweis solcher Teilwerte innerhalb einer Gesamtübersicht für die Stadtregionen nicht erforderlich.

Die Dichtewerte je qkm — Wohnbevölkerung: 908, Erwerbstätige am Arbeitsort: 382, Bevölkerungs-/Arbeitsplatzdichte: 1290 — waren gegenüber Nordrhein-Westfalen (497 bzw. 205 bzw. 702) ebenfalls überdurchschnittlich und unterstrichen eindrucksvoll die wirtschaftliche Bedeutung.

Der berufliche Pendleraustausch innerhalb der 13 Stadtregionen erbrachte nur einen geringen Einpendlerüberschuß von 82 900 Erwerbstätigen bei Gesamtwerten von rd. 1,4 Millionen. Immerhin wickelten sich jeweils vier Fünftel aller Pendlerbeziehungen Nordrhein-Westfalens zwischen Gemeinden dieser Stadtregionen ab.

II. Die einzelnen Stadtregionen

1. Agglomeration Rhein-Ruhr

Die zur Agglomeration Rhein-Ruhr zusammengefaßten früher selbständigen Stadtregionen umfaßten in der neuen Abgrenzung insgesamt 241 Gemeinden. Darunter waren nunmehr 26 Kernstädte, und zwar

1. Düsseldorf,
2. Duisburg,
3. Essen,
4. Krefeld,
5. Leverkusen,
6. Mülheim a. d. Ruhr,
7. Neuss,
8. Oberhausen,
9. Remscheid,
10. Solingen,
11. Wuppertal,
12. Köln,
13. Bottrop,
14. Gelsenkirchen,
15. Gladbeck,
16. Recklinghausen,
17. Bochum,
18. Castrop-Rauxel,
19. Dortmund,
20. Hagen,
21. Herne,
22. Iserlohn,
23. Lünen,
24. Wanne-Eickel,
25. Wattenscheid,
26. Witten.

Sechs davon (Gladbeck, Iserlohn, Castrop-Rauxel, Lünen, Wanne-Eickel, Wattenscheid, Witten) blieben mit ihrer Einwohnerzahl unterhalb der 100 000er Grenze, Wanne-Eickel (99 200) und Witten (97 400) allerdings nur geringfügig.

Die 215 Gemeinden (ohne Kernstädte) verteilten sich wie folgt auf die einzelnen Zonen:

		Fläche/qkm	Einwohner
1. Ergänzungsgebiet	112 Gemeinden,	3 035,58	2 642 965
2. Verstädterte Zone	47 Gemeinden,	1 112,44	256 769
3. Randzone	56 Gemeinden,	1 327,42	184 073

2. Stadtregion Aachen

Mit 538 600 Einwohnern und 599 qkm war die Stadtregion Aachen die zweitgrößte innerhalb Nordrhein-Westfalens. Auch bei der Bevölkerungsdichte — 899 Personen je qkm — und bei der Bevölkerungs-/Arbeitsplatzdichte — 1246 Personen je qkm — nahm sie denselben Rang ein. Als Kernstadt umfaßte Aachen selbst rd. ein Zehntel der Fläche und ein Drittel der Wohnbevölkerung; ihre Bevölkerungs-/Arbeitsplatzdichte entsprach mit 4610 fast dem Vierfachen des Wertes der gesamten Stadtregion.

Die 42 Gemeinden (ohne Kernstadt) verteilten sich wie folgt auf die einzelnen Zonen:

		Fläche/qkm	Einwohner
1. Ergänzungsgebiet	25 Gemeinden,	317,24	314 393
2. Verstädterte Zone	6 Gemeinden,	106,61	34 108
3. Randzone	11 Gemeinden,	116,71	16 623

3. Stadtregion Bielefeld

Die Stadtregion Bielefeld (789 qkm) nahm mit rd. 518 000 Einwohnern den dritten Rang unter den Stadtregionen ein; ihre Bevölkerungs-/Arbeitsplatzdichte mit 963 Personen je qkm lag allerdings erst an 5. Stelle. Der entsprechende Wert für die Kernstadt Bielefeld (5661 je qkm) erreichte die Höhe entsprechender Einheiten in der Agglomeration Rhein-Ruhr.

Von den 37 Gemeinden (ohne Kernstadt) entfielen auf die einzelnen Zonen:

		Fläche/qkm	Einwohner
1. Ergänzungsgebiet	18 Gemeinden,	369,68	249 956
2. Verstädterte Zone	12 Gemeinden,	305,51	90 312
3. Randzone	7 Gemeinden,	65,41	8 780

4. Stadtregion Bonn/Siegburg

Die mit den beiden Kernstädten Bonn und Siegburg gebildete Stadtregion umfaßte nach der Agglomeration Rhein-Ruhr und der Stadtregion Münster die größte Fläche (853 qkm), erreichte aber sowohl der Einwohnerzahl nach mit 515 500 Personen als auch der Bevölkerungsdichte — 604 je qkm — und der Bevölkerungs-/Arbeitsplatzdichte — 858 je qkm — nach schon nicht mehr die Durchschnittswerte aller nordrhein-westfälischen Stadtregionen.

Von der sich nur auf 18 Gemeinden (ohne Kernstädte) erstreckenden Stadtregion gehörten zum (zur)

		Fläche/qkm	Einwohner
1. Ergänzungsgebiet	1 Gemeinde,	34,22	30 769
2. Verstädterte Zone	9 Gemeinden,	538,52	163 441
3. Randzone	8 Gemeinden,	115,85	13 121

Durch die gemeindliche Neugliederung des Bonner Raumes im Jahre 1969 wuchs die Fläche der beiden Kernstädte Bonn und Siegburg von 53,35 qkm (1961) auf 164,87 qkm an.

5. Stadtregion Mönchengladbach/Rheydt/Viersen

Mit 462 300 Einwohnern, einer Fläche von 626 qkm sowie Dichtewerten von 738 (Bevölkerungsdichte) und 1038 (Bevölkerungs-/Arbeitsplatzdichte) je qkm gehörte die um das Städtedreieck Mönchengladbach/Rheydt/Viersen gebildete Agglomeration noch zu den der Einwohnerzahl nach 5 größten Stadtregionen Nordrhein-Westfalens.

Allerdings bildeten nur 14 Gemeinden (ohne die drei Kernstädte) die gesamte Region. Davon entfielen auf die einzelnen Zonen:

		Fläche/qkm	Einwohner
1. Ergänzungsgebiet	3 Gemeinden,	111,52	51 291
2. Verstädterte Zone	7 Gemeinden,	215,72	61 977
3. Randzone	4 Gemeinden,	67,08	12 519

Durch Neugliederung von Gemeinden des Kreises Kempen-Krefeld bei gleichzeitiger Einkreisung der Stadt Viersen erhöhte sich die Fläche für die Kernstädte dieser Region von 173,63 qkm (1961) auf nunmehr 231,88 qkm.

6. Stadtregion Münster

Von der Fläche her lag die Stadtregion Münster mit 941 qkm in Nordrhein-Westfalen an zweiter Stelle. Der Einwohnerzahl nach (317 800 Personen) sowie bei der Bevölkerungsdichte (338 je qkm) und der Bevölkerungs-/Arbeitsplatzdichte (484 je qkm) gehörte sie aber bereits dem unteren Drittel an. Das ging in erster Linie auf die der Fläche nach umfangreiche Umlandzone zurück, die aber nur über niedrige Dichtewerte verfügte.

Ihre 26 Gemeinden (ohne Kernstadt) verteilten sich wie folgt auf die einzelnen Zonen:

		Fläche/qkm	Einwohner
1. Ergänzungsgebiet	2 Gemeinden,	25,21	20 394
2. Verstädterte Zone	4 Gemeinden,	46,77	12 305
3. Randzone	20 Gemeinden,	795,13	86 773

7. Stadtregion Herford

Mit 503 qkm Fläche und einer Wohnbevölkerung von 285 100 Personen nahm die Stadtregion Herford — zwischen Bielefeld und Minden gelegen — einen mittleren Rang ein. Dasselbe traf auch für die Werte zur Bevölkerungsdichte — 567 je qkm — und zur Bevölkerungs-/Arbeitsplatzdichte — 818 je qkm — zu.

Von den 18 Gemeinden (ohne Kernstadt) entfielen auf die einzelnen Zonen:

		Fläche/qkm	Einwohner
1. Ergänzungsgebiet	8 Gemeinden,	297,00	181 353
2. Verstädterte Zone	7 Gemeinden,	117,23	36 860
3. Randzone	3 Gemeinden,	9,74	1 334

Die gemeindliche Neuordnung im Raum der Stadt Herford sowie des Kreises Herford (1969) erhöhte die Fläche der Kernstadt von bisher 25,06 qkm auf nunmehr 78,89 qkm.

8. Stadtregion Hamm

Die Stadtregion Hamm umfaßte 397 qkm mit 241 200 Einwohnern als Wohnbevölkerung. Wegen der relativ geringen Fläche lagen die Werte für die Bevölkerungsdichte mit 608 Personen je qkm und für die Bevölkerungs-/Arbeitsplatzdichte mit 846 Personen noch verhältnismäßig hoch.

Die Stadtregion umfaßte – von der Kernstadt abgesehen – nur 8 weitere Gemeinden, von denen 5 zum Ergänzungsgebiet (232,45 qkm Fläche, 135 479 Einwohner), 1 zur Verstädterten Zone (39,43 qkm Fläche, 11 497 Einwohner) und 2 zur Randzone (80,00 qkm Fläche, 9274 Einwohner) gehörten.

9. Stadtregion Siegen

Die Stadtregion Siegen wies bei einer Fläche von 540 qkm und einer Wohnbevölkerung von 222 900 Einwohnern eine Bevölkerungsdichte von 412 Personen je qkm und eine Bevölkerungs-/Arbeitsplatzdichte von 585 Personen auf.

Ihre nur 13 Gemeinden (ohne Kernstadt) verteilten sich wie folgt auf die einzelnen Zonen:

		Fläche/qkm	Einwohner
1. Ergänzungsgebiet	3 Gemeinden,	232,45	135 479
2. Verstädterte Zone	6 Gemeinden,	39,43	11 497
3. Randzone	4 Gemeinden,	80,00	9 274

10. Stadtregion Minden

Von den vier Stadtregionen mit weniger als 200 000 Einwohnern war Minden (438 qkm, 150 500 Personen) bei einer Bevölkerungsdichte von 344 Personen je qkm und 484 je qkm als Bevölkerungs-/Arbeitsplatzdichte die wichtigste. Sie reichte über die östliche Landesgrenze Nordrhein-Westfalens auch noch in Niedersachsen hinein.

Von den immerhin 52 Gemeinden (ohne Kernstadt) kamen auf die einzelnen Zonen:

		Fläche/qkm	Einwohner
1. Ergänzungsgebiet	13 Gemeinden,	72,21	44 193
2. Verstädterte Zone	14 Gemeinden,	103,91	30 079
3. Randzone	25 Gemeinden,	233,01	27 306

11. Stadtregion Düren

Die Stadtregion Düren umfaßte 488 qkm mit 143 100 Einwohnern als Wohnbevölkerung. Ihre Werte von 292 und 407 Personen je qkm für Bevölkerungsdichte bzw. Bevölkerungs-/Arbeitsplatzdichte lagen an vorletzter Stelle und wurden nur noch von denen der Stadtregion Paderborn unterboten.

Ihre 33 Gemeinden (ohne Kernstadt) verteilten sich wie folgt auf die einzelnen Zonen:

			Fläche/qkm	Einwohner
1.	Ergänzungsgebiet	7 Gemeinden,	36,03	27 437
2.	Verstädterte Zone	7 Gemeinden,	80,54	23 240
3.	Randzone	19 Gemeinden,	349,97	38 761

12. Stadtregion Paderborn

Während die Stadtregion Paderborn von der Fläche her (733 qkm) zu den größten Einheiten zählte, war ihre Wohnbevölkerung mit nur 141 700 Einwohnern relativ bescheiden. Entsprechend niedrig lagen auch die Werte für die Bevölkerungsdichte — 193 Personen je qkm — und die Bevölkerungs-/Arbeitsplatzdichte — 272 Personen je qkm —. Es handelte sich dabei um die jeweils niedrigsten Durchschnittswerte für nordrhein-westfälische Stadtregionen.

Die Stadtregion umfaßte — von der Kernstadt abgesehen — noch weitere 34 Gemeinden, von denen 1 (Schloß Neuhaus, 25,69 qkm Fläche, 13 606 Einwohner) zum Ergänzungsgebiet, 3 zur Verstädterten Zone (79,78 qkm Fläche, 17 883 Einwohner) und 30 zur Randzone (559,55 qkm Fläche, 43 371 Einwohner) gehörten.

13. Stadtregion Lüdenscheid

Die von der Fläche (191 qkm) und der Einwohnerzahl (141 100 Personen) kleinste Stadtregion Lüdenscheid gehörte den Dichtewerten nach mit 737 Personen (Bevölkerungsdichte) und 1081 Personen (Bevölkerungs-/Arbeitsplatzdichte) zum oberen Drittel der Skala. Ihr gehörten allerdings außer der Kernstadt nur noch 3 weitere Gemeinden an, davon 2 (76,72 qkm Fläche, 54 534 Einwohner) im Ergänzungsgebiet und 1 (26,32 qkm Fläche, 7500 Einwohner) in der Verstädterten Zone.

Die Stadtregionen in Rheinland-Pfalz und die Stadtregion Rhein-Neckar

von

Karl Schwarz, Wiesbaden

Wir befassen uns hier mit den Besonderheiten und Erfahrungen bei der Abgrenzung der Stadtregionen Trier, Kaiserslautern, Koblenz/Neuwied und Rhein/Neckar. Der Kommentar zur Stadtregion Wiesbaden/Mainz ist im Abschnitt „Stadtregionen in Hessen" zu finden.

Das Statistische Landesamt Rheinland-Pfalz hat die allen Abgrenzungen zugrunde liegenden Ergebnisse der Volkszählung vom 27. Mai 1970 nicht, wie die anderen Statistischen Landesämter, nach dem Gebietsstand der Gemeinden zu diesem Stichtag aufbereitet, sondern nach dem Gebietsstand am 7. November 1970. Gemeinden, die zwar noch am 27. Mai 1970, aber nicht mehr am 7. November 1970 bestanden haben, treten infolgedessen nicht in Erscheinung.

Die kommunale Gebietsreform in Rheinland-Pfalz, die bis zum November 1970 schon fast abgeschlossen war, hat im wesentlichen nur bei einigen großen Gemeinden zu einer Erweiterung des Gebietes geführt; im übrigen sind Bestand und Grenzen der Gemeinden im allgemeinen erhalten geblieben. Statt der in den anderen Ländern angestrebten Bildung von Großgemeinden hat man es in Rheinland-Pfalz, in Fortentwicklung der preußischen Ämterverfassung, vorgezogen, unterhalb der Kreisebene die Institution der Verbandsgemeinde mit mehreren verbandsangehörigen Gemeinden neben verbandsfreien Gemeinden zu schaffen. Wegen dieser Form der kommunalen Gebiets- und Verwaltungsreform, die auch die regionale Dichte der statistischen Informationen im wesentlichen erhalten hat, sind die Ergebnisse der Abgrenzung von Stadtregionen in Rheinland-Pfalz nicht im gleichen Maße problematisch wie dort, wo z. Z. der Volkszählung 1970 bereits Großgemeinden gebildet waren. Wie noch zu zeigen sein wird, ist wegen der Vergrößerung der meisten Kerngebietsgemeinden trotzdem der Vergleich mit früheren Abgrenzungsergebnissen nicht ohne weiteres möglich.

Sieht man von den noch zu erläuternden Zusammenfassungen im Raum Koblenz und Rhein-Neckar ab, ergab sich keine Notwendigkeit, neue Stadtregionen abzugrenzen. Pirmasens, Neustadt a. d. Weinstraße oder Kreuznach mit ihrem Einzugsgebiet erwiesen sich für die Bildung vergleichbarer Stadtregionen als zu klein. Eine Ausnahme bildet der **Raum Zweibrücken**, für den zusammen mit dem Raum Homburg/Saar eine neue Stadtregion abgegrenzt wurde, die im Abschnitt „Stadtregionen im Saarland" behandelt wird.

1. Stadtregion Trier

Alleinige Kernstadt dieser Stadtregion ist weiterhin Trier; einzige Ergänzungsgebietsgemeinde Konz. Die frühere Gemeinde Ruwer, die bisher ebenfalls zum Ergänzungsgebiet gehörte, ist jetzt Teil der Stadt Trier.

Die Stadt Konz erreicht nicht den für die Einbeziehung in das Kerngebiet festgelegten Schwellenwert einer Einwohner-/Arbeitsplatzdichte von 600 je qkm. Sie wurde trotzdem in das Ergänzungsgebiet einbezogen, weil sie vor ihrer Vergrößerung alle Merkmale einer Kerngebietsgemeinde aufwies. Auch nach dem heutigen Gebietsstand kommt jeder zweite, der in Konz arbeitet, von außerhalb. Die niedrige Einwohner-/Arbeitsplatzdichte von 418 ist lediglich eine Folge der Eingemeindung einiger dünn besiedelter Randgemeinden mit dörflichem Charakter.

Wegen der Vergrößerung von Trier und Konz ist das Kerngebiet der Stadtregion Trier nicht mehr mit dem Kerngebiet nach der Abgrenzung 1961 vergleichbar. Das geht besonders eindrucksvoll aus der Verdoppelung der Fläche hervor. Die Gebietsreform hatte auch zur Folge, daß zum Kerngebiet jetzt sogar früher selbständige Gemeinden gehören, die bei der Abgrenzung 1961 außerhalb der Stadtregion lagen. Die Vorstellung, die sich mit den Begriffen „Kernstadt" und „Ergänzungsgebiet" verbinden, treffen somit für das Kerngebiet von Trier nur noch teilweise zu. Eine weitere Folge der Eingemeindungen in Trier und Konz ist das Zusammenschrumpfen der Verstädterten Zone. Stark ausgedehnt hat sich dagegen die Randzone. Die Gemeinden Bonerath und Fellerich im Landkreis Trier-Saarburg wurden in diese Zone einbezogen, um keine „Inseln" erscheinen zu lassen.

Eine Gegenüberstellung der Flächen und Einwohnerzahlen nach der Abgrenzung 1961 und 1970 ergibt eine Zunahme der Fläche der Stadtregion Trier auf das Dreifache; die Einwohnerzahl dagegen stieg nur um ein Drittel.

Als ausgesprochen ländlich muß die Randzone angesehen werden. Sie hat eine Bevölkerungsdichte von nur 104 Einwohner je qkm und der Anteil der Erwerbstätigen in der Landwirtschaft beträgt im Durchschnitt 21 %. Auch die Arbeitsplatzdichte ist mit 21 Erwerbstätigen am Arbeitsort je qkm sehr niedrig. Von den Erwerbstätigen sind aber 57 % Auspendler, darunter 42 % Auspendler in das Kerngebiet der Stadtregion. Fast die Hälfte der Bevölkerung der Randzone hat demnach ihre Erwerbsgrundlage im Kerngebiet.

2. Stadtregion Kaiserslautern

Für die Stadtregion Kaiserslautern gilt ähnliches wie für die Stadtregion Trier.

Die Gemarkung der Kernstadt Kaiserslautern hat sich durch Eingemeindung von 96 auf 139 qkm vergrößert, ihre Einwohnerzahl von 86 000 auf 100 000. Die Gemeinde Otterbach ist — leicht vergrößert — mit einer Einwohner-/Arbeitsplatzdichte von 671 einzige Ergänzungsgebietsgemeinde.

Die Verstädterte Zone ist — vor allem wegen der Eingemeindungen in Kaiserslautern — stark zusammengeschrumpft. Mehr als sechsmal so groß wie bei der Abgrenzung 1961 ist jetzt aber das Gebiet der Randzone. Der Grund hierfür ist in der Einbeziehung neuer flächengroßer und dünn besiedelter Gemeinden des Pfälzer Waldes zu suchen.

Die Vergrößerung der gesamten Stadtregion ist der Fläche nach längst nicht so stark wie im Falle Trier. Das hängt damit zusammen, daß das Kerngebiet von Trier mit seinen Arbeitsplätzen im weiten Umkreis nahezu konkurrenzlos ist, Kaiserslautern aber die Gewerbezentren im Saarland und in der Vorderpfalz sowie im Raum Pirmasens und Zweibrücken vorgelagert sind.

Nicht einbezogen in die Stadtregion Kaiserslautern wurde die Stadt Landstuhl mit 9 000 Einwohnern, obwohl sie eine Einwohner-/Arbeitsplatzdichte von mehr als 600 hat. Sie wurde — wie früher schon — als kleines Nebenzentrum mit eigenem Pendlereinzugsbereich angesehen.

In der Randzone von Kaiserslautern ist die Bevölkerungsdichte ebenso gering wie in der Randzone von Trier. Es arbeiten hier aber weniger Personen (11 %) in der Landwirtschaft. 65 % der in der Randzone wohnenden Erwerbstätigen sind Auspendler, darunter 41 %, die im Kerngebiet arbeiten.

3. Stadtregion Koblenz/Neuwied

Es erschien geboten, die 1961 noch getrennt nachgewiesenen Stadtregionen Koblenz und Neuwied zu einer Stadtregion zusammenzufassen. Maßgebend dafür war die Überlegung, daß der Raum zwischen Koblenz und Neuwied/Andernach durch Zunahme der Bevölkerung und Arbeitsplätze stark zusammengewachsen ist und jetzt fast alle in diesem Raum liegenden Gemeinden eine Einwohner-/Arbeitsplatzdichte von über 600 haben. Lediglich die Gemeinde St. Sebastian bildet mit einem Dichtewert von 418 eine Ausnahme. Sie wurde aus Gründen des räumlichen Zusammenhangs in das Kerngebiet einbezogen. Ein weiterer Gesichtspunkt für die Bildung von nur noch einer Stadtregion in diesem Raum war die starke Vergrößerung der Stadt Neuwied durch Aufnahme vieler Gemeinden des Landkreises. Die Gemarkung von Neuwied reicht daher jetzt dicht an das Stadtgebiet von Koblenz heran.

Das Schwergewicht der dreipoligen Stadtregion mit den Kernstädten Koblenz, Neuwied und Andernach liegt eindeutig in der Stadt Koblenz mit 75 000 dort arbeitenden Erwerbstätigen, verglichen mit nur 28 000 in Neuwied und 14 000 in Andernach. Noch deutlicher wird das Gewicht von Koblenz, wenn man bedenkt, daß dort der Berufseinpendlersaldo 25 000, in den beiden anderen Kernstädten aber lediglich 6 000 beträgt.

Als Folge der zahlreichen Eingemeindungen ergibt sich eine starke Vergrößerung des Gebietes der drei Kernstädte. Während Koblenz, Neuwied und Andernach zusammen im Jahr 1961 eine Fläche von 83 qkm hatten, beträgt sie jetzt fast das Dreifache. Sie umfaßt früher selbständige Gemeinden, die bisher allenfalls zur Verstädterten Zone gehörten. Hierdurch, aber auch bedingt durch die neuen Abgrenzungskriterien, ist das Gebiet dieser Zone zusammengeschmolzen. Stark ausgeweitet hat sich dagegen das Gesamtgebiet der beiden Stadtregionen, obwohl der Schwellenwert für das Strukturmerkmal „Agrarquote" von 65 auf 50 % herabgesetzt und der Schwellenwert für das Verflechtungsmerkmal „Auspendlerquote" von 20 auf 25 % heraufgesetzt wurde. Viele neue Randzonengemeinden sind insbesondere im Westen längs der Mosel und bis vor die Tore von Mayen mit Entfernungen von über 20 km Luftlinie vom Stadtkern Koblenz hinzugekommen.

Nicht einbezogen in die Stadtregion wurden die Gemeinden Boppard und Bad Salzig, die einen eigenen kleinen Einzugsbereich haben, wohl aber die beiden südlich davon gelegenen kleinen Gemeinden Weiler und Hirzenach mit fast 30 % Auspendlern in das Kerngebiet. Die Gemeinden Kattenes, Löf und Hatzenport an der Mosel sowie die Gemeinden Spay und Filsen am Rhein liegen mit ihrer Einwohner-/Arbeitsplatzdichte zwar über 250, wurden aber trotzdem der Randzone zugeordnet, weil sie im Verhältnis zur Bevölkerung ein sehr kleines Gemeindeareal haben und weil zu kleine Inseln von verstädterten Gemeinden da vermieden werden sollten, wo im Umkreis nur Randzonengemeinden vorhanden sind.

Die kleine Gemeinde Winterwerb im Rhein-Lahnkreis wäre ohne Einbeziehung in die Randzone der Stadtregion als winzige regionsfreie Insel übrig geblieben.

4. Stadtregion Rhein-Neckar

Schon bei der Abgrenzung 1961 war es schwierig, eine Grenze zwischen den Stadtregionen Mannheim/Ludwigshafen, Heidelberg und Worms zu ziehen. Die Grenze der Stadtregion Worms verlief im Süden höchst künstlich bereits an der Stadtgrenze von Worms und die Gemarkungsgrenzen von Mannheim und Heidelberg berühren sich. Noch näher als im Fall Koblenz/Neuwied lag daher die Bildung von nur noch *einer* Stadtregion mit den Kernstädten Mannheim (332 000 Einwohner), Ludwigshafen (176 000 Einwohner), Heidelberg (121 000 Einwohner), Worms (77 000 Einwohner) und Frankenthal/Pfalz (41 000 Einwohner) mit zusammen 465 000 dort arbeitenden Erwerbstätigen, darunter fast ein Drittel Einpendler.

Die zwischen Worms und Frankenthal liegende Gemeinde Bobenheim-Roxheim erreicht zwar nur eine Einwohner-/Arbeitsplatzdichte von 510, wurde aber als Verbindungsglied zwischen diesen beiden Städten, durch das die wichtigsten Verkehrsadern laufen, in das Kerngebiet der Stadtregion einbezogen. Ebenfalls einbezogen wurden die linksrheinisch gelegenen Gemeinden Mutterstadt und Neuhofen mit einer Einwohner-/Arbeitsplatzdichte von 473 bzw. 480, da sie fast ausschließlich Wohnortfunktionen für die Kernstädte haben. Ähnliches gilt für Schrießheim und Gaiberg bei Heidelberg. Nicht in die Stadtregion einbezogen wurde Bad Dürkheim, obgleich genau 25 % der Erwerbstätigen in das Kerngebiet auspendeln. Die Einbeziehung von Bad Dürkheim wäre allenfalls für die am Hardtrand gelegenen Ortsteile gerechtfertigt gewesen.

In der Stadtregion Rhein-Neckar haben Fläche und Einwohnerzahl der Randzone eine relativ geringe Bedeutung. Dafür ist das Kerngebiet als typisches Ballungsgebiet sehr ausgedehnt.

Charakteristisch im Vergleich zur Randzone ist die ausgedehnte Verstädterte Zone, die wegen der Veränderung der Abgrenzungskriterien eigentlich hätte kleiner werden müssen. Wir haben hier einen Hinweis auf den starken Strukturwandel am Rande mancher Ballungskerne.

Im Westen reichen die äußeren Grenzen bis zum Hardtgebirge, ohne Einschluß der meisten Weinorte am Hardtrand, im Nordwesten über Worms hinaus, wo sich dann allmählich der Einfluß von Mainz geltend macht. Im Norden sind eine Reihe hessischer Gemeinden einbezogen, die z. T. sogar zum Kerngebiet gehören, im Osten liegen die letzten Randzonengemeinden weit im Odenwald und im Süden bildet der Landkreis Bruchsal die Grenze, in dem der Einfluß von Karlsruhe allmählich wirksam wird.

Das Kerngebiet hat sich vor allem rechtsrheinisch auf Kosten der Verstädterten Zone stark vergrößert. Da bis zur Volkszählung 1970 nur im Raum Worms Eingemeindungen stattgefunden haben, ist die Ausdehnung des Kerngebietes keineswegs eine Konsequenz kommunaler Grenzänderungen. Sie ist vielmehr der Bevölkerungs- und Arbeitsplatzentwicklung, der Ausdehnung der Pendlereinzugsbereiche, zum Teil auch den neuen Abgrenzungskriterien zuzuschreiben.

Die Stadtregionen im Saarland mit Zweibrücken

von

Friedrich Putz, Wiesbaden

Das Saarland umfaßte in der Abgrenzung 1961 die drei Stadtregionen Neunkirchen (Saar), Saarbrücken/Völklingen und Saarlouis/Dillingen. 1950 sind im Saarland keine Stadtregionen abgegrenzt worden. Die weitere Verdichtung der Bevölkerung sowie die gegenüber 1961 veränderten Kriterien führten 1970 zu einem Ausgreifen der saarländischen Stadtregionen auf die benachbarte Westpfalz in der neu abgegrenzten Stadtregion Zweibrücken/Homburg. Diese reicht mit ihrer Randzone im Nordosten bis an die Randzone der Stadtregion Kaiserslautern heran und verdeutlicht damit die entlang alter Verkehrswege entstandene Entwicklungs-Bandstruktur, der der direkte Anschluß an den Rhein-Neckar-Raum nur deshalb fehlt, weil der relativ siedlungsfeindliche Pfälzer Wald als Barriere dazwischen liegt.

Die Abgrenzung von Stadtregionen in Ballungsgebieten bereitet in der Regel gewisse Schwierigkeiten, da die Kerngebiete dort so nahe beieinanderliegen, daß oft nur geringfügige Unterschiede in den Schwellenwerten über die Zuordnung der Gemeinden zur einen oder anderen Stadtregion entscheiden müssen, ohne daß die Mehrfachverflechtung einzelner Gemeinden darstellbar wäre. Zudem befinden sich im Saarland noch zentrale Orte zwar außerhalb, jedoch in engster Nachbarschaft der Stadtregionen, wie Merzig, St. Wendel, St. Ingbert, Schmelz und Blieskastel, die aufgrund ihrer eigenen Verflechtungsbereiche ein mitunter bizarres Bild der Stadtregionsgrenzen ergeben. Auf diese Weise entstehen gerade in einem großräumigen Ballungsgebiet Lücken zwischen den Stadtregionen, deren Genese sich völlig von den oben angesprochenen unterscheidet, da es sich hier um dichtbesiedelte Gebiete handelt, deren Gewicht für sich nicht ausreicht, um eine eigene Stadtregion zu bilden, das aber andererseits wiederum zu groß ist, um diese Räume zu Bestandteilen einer anderen Stadtregion werden zu lassen.

Die drei saarländischen Stadtregionen des Jahres 1961 umfaßten 83 Gemeinden mit einer Fläche von 760 qkm und 617 300 Einwohnern. Das waren rd. ein Viertel der Gemeinden, 30 % der Fläche sowie 58 % der Bevölkerung des Saarlandes. Der fortschreitende Agglomerationsprozeß mit der Neuabgrenzung der Stadtregion Zweibrücken/Homburg führte zu einer Zunahme der Zahl der Stadtregionsgemeinden auf 234. Hiervon befanden sich 190 auf dem Gebiet des Saarlandes. Damit befanden sich 55 % der Gemeinden des Landes in Stadtregionen. Der Anteil der Stadtregionen an der Fläche des Saarlandes stieg dadurch auf 58 %, der Bevölkerungsanteil sogar auf knapp 80 %. Damit nimmt das Saarland in dieser Hinsicht unter den Flächenländern des Bundesgebiets eine Spitzenstellung ein.

Anzahl der Gemeinden, Fläche und Wohnbevölkerung der saarländischen Stadtregionen 1961 und 1970

jeweiliger Gebietsstand

Stadtregion	Abgrenzung 1961			Abgrenzung 1970			Veränderung gegenüber 1961					
	Anzahl der Gem.	Fläche	Wohn-bevölke-rung	Anzahl der Gem.	Fläche	Wohn-bevölke-rung	Anzahl der Gemeinden		Fläche		Wohnbe-völkerung	
	Anz.	qkm	Anzahl	Anzahl	qkm	Anzahl		%	qkm	%	Anzahl	%
Neunkirchen/Ottweiler	28	213,17	133 033	34	253,01	150 566	6	21,4	39,84	18,7	17 533	13,2
Saarbrücken/Völklingen	38	371,27	383 261	91	709,64	509 807	53	139,5	338,37	91,1	126 546	33,0
Saarlouis/Dillingen	17	175,36	101 013	50	372,67	170 591	33	194,1	197,31	112,5	69 578	68,9
Zweibrücken/Homburg	—	—	—	59	487,58	135 050	—	—	—	—	—	—
zusammen	83	759,80	617 307	234	1 822,90	966 014	151	181,9	1 063,10	139,9	348 707	56,5
darunter: saarländischer Anteil	83	759,80	617 307	190	1 482,55	885 592	107	128,9	722,75	95,1	268 285	43,5
Saarland insgesamt	347	2 567,40	1 072 600	346	2 567,06	1 119 742						
darunter in Stadtregionen %	23,9	29,6	57,6	54,9	57,8	79,1						

1. Stadtregion Neunkirchen/Ottweiler

Diese Stadtregion ging aus der 1961 abgegrenzten Region Neunkirchen (Saar) hervor, indem die Stadt Ottweiler aufgrund ihrer Bedeutung als Verwaltungszentrum als weitere Kernstadt eingestuft wurde. Damit sind die vier saarländisch-westpfälzischen Stadtregionen durchweg Zweikernregionen.

Zone	Fläche		Wohnbevölkerung	
	qkm	%	abs.	%
Kernstädte	54	21,7	53 668	35,6
Ergänzungsgebiet	76	30,0	73 072	48,5
Kerngebiet	130	51,7	126 740	84,1
Verstädterte Zone	17	6,9	7 022	4,7
Randzone	104	41,4	16 804	11,1
Umlandzone	121	48,3	23 826	15,8
Insgesamt	251	100	150 566	100

Die Übersicht zeigt, daß zwar das Kerngebiet sowohl von der Fläche als auch von der Einwohnerzahl die Umlandzonen überwiegt, sie zeigt aber auch, daß das Gewicht der der beiden Kernstädte gegenüber dem Ergänzungsgebiet relativ geringer als in den drei anderen Stadtregionen ist. Anteilsmäßig besitzt die Region Neunkirchen/Ottweiler in bezug auf die Bevölkerung das gewichtigste Ergänzungsgebiet, dafür aber die kleinste Verstädterte Zone der vier hier abgehandelten Stadtregionen.

Die Region Neunkirchen/Ottweiler hat von 1961 auf 1970 die geringsten Zuwachsraten der vier Stadtregionen zu verzeichnen. Die Zahl der Gemeinden nahm um 6 auf 34 zu. Die Fläche vergrößerte sich um 19 % auf 253 qkm, und die Einwohnerzahl stieg um 13 % auf 150 566.

2. Stadtregion Saarbrücken/Völklingen

Die Stadtregion Saarbrücken/Völklingen ist nach der Fläche wie nach der Einwohnerzahl die größte der vier saarländisch-westpfälzischen Stadtregionen. Mit einer Fläche von 710 qkm nimmt sie mehr als ein Viertel des gesamten Saarlandes ein, mit 509 800 Einwohnern umfaßt sie fast die Hälfte der saarländischen Bevölkerung. Die beiden Kernstädte haben mit 33 % einen deutlich geringeren Anteil an der Wohnbevölkerung der Region als das Ergänzungsgebiet mit 43 %. Die Region hat die sowohl flächen- als auch bevölkerungsanteilsmäßig kleinste Randzone der vier Stadtregionen.

Zone	Fläche		Wohnbevölkerung	
	qkm	%	abs.	%
Kernstädte	79	11,3	167 742	32,9
Ergänzungsgebiet	232	32,6	217 683	42,7
Kerngebiet	311	43,9	385 425	75,6
Verstädterte Zone	250	35,2	100 185	19,7
Randzone	148	20,9	24 197	4,7
Umlandzone	398	56,1	124 382	24,4
Insgesamt	710	100	509 807	100

Die Stadtregion Saarbrücken/Völklingen hat in der Abgrenzung 1970 gegenüber 1961 erheblich an Umfang zugenommen. Die Zahl der zugehörigen Gemeinden vergrößerte sich um 53 auf 91. Die stärkste Zunahme war dabei in der Randzone — von 4 auf 19 Gemeinden — zu verzeichnen. Die Zahl der Gemeinden im Ergänzungsgebiet hat sich — von 10 auf 30 — verdreifacht. Die geringste Zunahme, aber immer noch fast eine Verdoppelung von 22 auf 40 Gemeinden, erfuhr die Verstädterte Zone.

Die Fläche der Stadtregion Saarbrücken/Völklingen vergrößerte sich durch die Neuabgrenzung um 91 %. Die Wohnbevölkerung nahm dagegen nur um 33 % zu und zeigt damit das weite Ausgreifen dieser Stadtregion in das — relativ zum Kerngebiet — dünner besiedelte Umland an. Hierbei ist jedoch zu bedenken, daß die Stadtregion Saarbrücken/Völklingen nicht die gesamte Agglomeration um Saarbrücken abdeckt, sondern nur deren — größeren — deutschen Anteil. Die Volkszählung vom 1. März 1968 in Frankreich ergab für die angrenzende „agglomération Forbach", die von drei Seiten vom Gebiet der Stadtregion Saarbrücken/Völklingen umgeben ist, eine Einwohnerzahl von 85 375, was den 58. Rang unter den 94 agglomérations urbaines mit 50 000 und mehr Einwohnern bedeutet[1]).

3. Stadtregion Saarlouis/Dillingen

In der Region ist das Gewicht des Kerngebiets hinsichtlich der Bevölkerung mit einem Anteil von 60 % erheblich geringer als in den Regionen Neunkirchen/Ottweiler und Saarbrücken/Völklingen, weil der Anteil des Ergänzungsgebiets hier mit 26 % deutlich kleiner ist als der der Kernstädte (35 %). Der Anteil der Verstädterten Zone ist mit 26 % der größte der saarländisch-westpfälzischen Stadtregionen.

Zone	Fläche		Wohnbevölkerung	
	qkm	%	abs.	%
Kernstadt	59	17,2	59 179	34,7
Ergänzungsgebiet	60	14,8	43 874	25,7
Kerngebiet	119	32,0	103 053	60,4
Verstädterte Zone	117	31,4	45 103	26,4
Randzone	136	36,6	22 435	13,2
Umlandzonen	253	68,0	67 538	39,6
Insgesamt	372	100	170 591	100

Verglichen mit der Abgrenzung 1961 weist die Stadtregion Saarlouis/Dillingen die größten Zunahmen auf. Die Zahl der Gemeinden stieg von 17 auf 50. Die stärksten Zunahmen waren hier in der Randzone (von 6 auf 26) und in der Verstädterten Zone (von 4 auf 15) zu verzeichnen. Die Fläche dieser Stadtregion hat sich (+ 113 %) mehr als verdoppelt. Auch die Bevölkerung hat mit + 69 % erheblich stärker als in den beiden anderen bereits seit 1961 bestehenden Stadtregionen zugenommen.

4. Stadtregion Zweibrücken/Homburg

Die Stadtregion Zweibrücken/Homburg wurde erstmals aufgrund der Ergebnisse des Zählungswerks 1970 abgegrenzt. Sie steht nach der Fläche an zweiter, nach der Bevölkerung jedoch an letzter Stelle der Saarländisch-westpfälzischen Stadtregionen.

---

[1]) La Population en France 1968, La Documentation Française Illustrée 257/258, Paris 1970, S. 16 f.

Zone	Fläche		Wohnbevölkerung	
	qkm	%	abs.	%
Kernstädte	78	16,2	64 939	48,0
Ergänzungsgebiet	19	3,8	5 354	4,0
Kerngebiet	97	20,0	70 293	52,0
Verstädterte Zone	110	22,7	29 481	21,9
Randzone	279	57,3	35 276	26,1
Umlandzonen	389	80,0	64 757	48,0
Insgesamt	486	100	135 050	100
davon:				
Saarland	144	30,2	54 628	40,5
Rheinland-Pfalz	340	69,8	80 422	59,5

Hinsichtlich der Bevölkerungsverteilung weist sie mit 48 % bei den Kernstädten den höchsten Anteil auf und sowohl nach der Fläche als auch nach der Bevölkerung das kleinste Ergänzungsgebiet. 80 % der Fläche sowie 48 % der Bevölkerung entfallen auf die Umlandzonen, was den höchsten Anteil aller vier Regionen bedeutet.

Von den 59 Gemeinden der Stadtregion lagen 44 in Rheinland-Pfalz und 15 im Saarland. Auf das Saarland entfielen 30 % der Fläche und 40 % der Bevölkerung der Stadtregion.

Die Stadtregionen in Baden-Württemberg
(ohne die zur Stadtregion Rhein-Neckar gehörenden Gebiete um Mannheim/Ludwigshafen und Heidelberg)

von

Peter Möller, Bonn

I. Vorbemerkungen

1970 liegen in Baden-Württemberg (ohne die zur Stadtregion Rhein-Neckar gehörenden Gebiete um Mannheim/Ludwigshafen und Heidelberg) 13 Stadtregionen. Sie häufen sich zwischen Karlsruhe im Westen und dem Raum Heidenheim/Ulm im Osten, schließen Heilbronn im Norden und Reutlingen/Tübingen im Süden mit ein. Abgesetzt von dieser zusammenhängenden Stadtregionsballung, die nur durch Pendlerströme aus den einzelnen — gelegentlich eigentlich mehrfach zuzuordnenden — Gemeinden zu gliedern ist, befinden sich im Süden des Landes vier weitere Stadtregionen. Im Untersuchungsgebiet hat sich die Zahl der Stadtregionen gegenüber 1960 um drei erhöht. Diese neuen Stadtregionen sind Aalen und Ravensburg sowie Villingen/Schwenningen. Zu diesen vier neuen Kernstädten kommt außerdem noch Tübingen als neue Kernstadt hinzu. Tübingen bildet jedoch keine selbständige Stadtregion. Es konnte mit Reutlingen zur Stadtregion Reutlingen/Tübingen verschmolzen werden, weil die Kerngebiete mit je zwei Ergänzungsgebietsgemeinden aneinandergrenzen.

Konstanz erreichte mit seinem Einzugsbereich nicht die erforderliche Mindesteinwohnerzahl von 80 000. Die Bildung einer Stadtregion Konstanz/Singen, die die Ufer des Untersees umschließt, konnte die Arbeitsgruppe „Stadtregionen" nicht befürworten, weil zwischen den 32 km voneinander entfernten Städten Konstanz und Singen Gemeinden liegen (auf dem Bodanrück), die nur als Randzone charakterisiert werden können. Hier konnte also anders als bei Reutlingen/Tübingen, deren Kerngebiete zusammenstoßen, keine mehrkernige Stadtregion bestimmt werden.

Ein direkter Vergleich der Stadtregionszonen von 1970 mit denen von 1950 oder 1961 ist trotz des annähernd unveränderten Gebietsstandes aus methodischen Gründen nicht möglich.

Dieser Untersuchung liegt die Verwaltungsgliederung von 1970, also aus der Zeit vor der baden-württembergischen Gebietsreform, zugrunde. Soweit Ergebnisse der Kommunalreform sich bereits überschaubar abzeichnen, werden die wichtigsten Tatbestände bei den Beschreibungen der einzelnen Regionen nach dem Stand 1. 3. 1975 ausgewiesen.

II. Zusammenfassung der Ergebnisse

Von den 13 Stadtregionen in Baden-Württemberg — ohne die zur Stadtregion Rhein-Neckar gehörenden Gebiete um Mannheim/Ludwigshafen und Heidelberg, jedoch unter Einschluß des bayerischen Einzugsgebietes um Neu-Ulm — sind 10 einkernig und 3 zweikernig. In den Stadtregionen Ulm-/Neu-Ulm und Villingen/Schwenningen stoßen die Grenzen der Kernstädte aneinander. Im Falle Reutlingen/Tübingen haben die Kerngebiete eine gemeinsame Grenze. Hier rechtfertigt außerdem die Funktionsteilung zwischen dem stärker gewerblich-industriell ausgerichteten Reutlingen und dem Dienstleistungszentrum Tübingen die Zusammenfassung zu einer polyzentrischen Stadtregion, die mit rd. 273 000 Einwohnern die drittgrößte Agglomeration nach Stuttgart und Karlsruhe ist. Aalen, Ravensburg und Villingen/Schwenningen erscheinen 1970 erstmals als Stadtregionen.

Lage und Ausdehnung der baden-württembergischen Stadtregionen werden von der Topographie des Landes stark beeinflußt. Die Flußtäler als Hauptsiedlungs- und -verbindungsadern zeichnen sich deutlich ab. Besonders in den kleineren Stadtregionen kann beobachtet werden, wie die Entwicklung zuerst in den Tälern ansetzt. In den größeren Agglomerationen werden dann auch die Talflanken und schließlich die umgebenden Höhen in wachsendem Maße in die Stadtregion einbezogen und mit dem Kern verbunden.

So sind die Stadtregionen von Karlsruhe über Pforzheim mit Stuttgart zusammengewachsen und greifen über das Neckar- und Filstal nach Norden, Osten und Süden aus. Heilbronn, Göppingen und Reutlingen/Tübingen hängen entlang den Talzügen miteinander zusammen. Die Stadtregion Göppingen greift mit ihrer Randzone über die Geislinger Steige auf die Schwäbische Alb hinauf und stößt hier auf die Randzonen der Stadtregionen von Ulm/Neu-Ulm und Heidenheim. Von Heidenheim besteht über die Wasserscheide zwischen Brenz und Kocher hinweg ein Zusammenhang mit der Stadtregion Aalen. Freiburg i. Br., Villingen/Schwenningen, Ravensburg und Basel/Lörrach liegen abseits der Stadtregionskette.

In den zusammenhängenden Stadtregionen westlich Göppingen hat die Randzone in der Regel einen flächenmäßigen Anteil unter 45 %. Die Stadtregionen im Osten und vor allem im Süden des Landes (außer der Stadtregion Basel/Lörrach) weisen zumeist um 70 % der Gesamtfläche als Randzone auf.

1. Stadtregion Stuttgart

Die Kernstadt Stuttgart ist von einem Kranz von 98 Gemeinden des Ergänzungsgebietes umgeben, die an einigen Stellen bis an die Grenzen der Stadtregion vorstoßen. Nur auf den Höhen des Schurwaldes zwischen dem Neckar-/Filstal und dem Remstal schiebt sich eine schmale Zone von Gemeinden der Verstädterten Zone und der Randzone keilförmig zwischen das Ergänzungsgebiet.

Fast ringförmig wird das Kerngebiet von den 101 Gemeinden der Verstädterten Zone umschlossen.

Besonders auffallend ist die Ausstrahlung der Randzone im Südwesten, die auch noch Gemeinden im Kreis Horb erreicht. Bei diesen Randzonengemeinden wird die Pendlerbeziehung weniger auf den Kern der Stadtregion Stuttgart gerichtet sein als vielmehr auf die beiden stark gewerblich bestimmten Gemeinden Böblingen und Sindelfingen im Ergänzungsgebiet. In den übrigen Teilen der Stadtregion Stuttgart spielt die Randzone keine große Bedeutung.

Die Gemeindereform im Großraum Stuttgart ist noch nicht abgeschlossen. Im Osten wurden Gemeinden verschiedener Zonenzugehörigkeit zusammengefaßt, so daß der Keil von Gemeinden der Randzone und der Verstädterten Zone — zwischen Rems- und Filstal — wohl nicht mehr in der bestehenden Deutlichkeit erhalten bleibt.

2. Stadtregion Karlsruhe

Das Kerngebiet der Stadtregion Karlsruhe erstreckt sich 1970 zu beiden Seiten des Rheins. Der Brückenkopf auf dem linken Rheinufer mit dem Ergänzungsgebiet der Gemeinden Maximiliansau und Wörth strahlt noch weit in den südlichen Teil des Rheintalgrabens von Rheinland-Pfalz aus. Die Randzone erstreckt sich fast bis an den Fuß des Pfälzer Waldes. Im Osten endet die Stadtregion an der Kreisgrenze des Kreises Karlsruhe. Jenseits dieser Grenze beginnt unmittelbar die Stadtregion Pforzheim.

Trotz der methodisch bedingten Einschränkungen beim Vergleich der Verstädterten Zone 1970 mit 1961 und der Begünstigung der Randzone 1970 ist die letztere recht bescheiden ausgebildet. Die Verstädterte Zone nimmt dagegen ein vergleichsweise beachtliches Areal ein, ein Indiz für die starke Zunahme industriell-gewerblicher Arbeitsplätze in vielen Gemeinden dieses Bereichs während der sechziger Jahre.

Die Kommunalreform hat nördlich von Karlsruhe die Ergänzungsgebiete zur Kernstadt geschlagen. Die zahlreichen kleinen Gemeinden der Verstädterten Zone wurden zu vier leistungsfähigeren Gemeinden mit 8000—10 000 Einwohnern zusammengefaßt. Auch südlich der Kernstadt wurden vier große Gemeinden als neue Stadtrandkommunen gebildet. Die Stadtregionsgliederung auf Gemeindeebene wird dadurch stark verwischt.

3. Stadtregion Reutlingen/Tübingen

Das Neckartal und die parallel dazu verlaufende Traufkante der Schwäbischen Alb bestimmen die Erstreckung der Stadtregion Reutlingen/Tübingen. Die von der Alb kommenden, tief eingeschnittenen Täler der Echaz und der Erms sind ebenfalls Leitlinien des Verkehrs und der Siedlungsentwicklung. Diesem Gesamtkonzept folgt auch die Stadtregion. Die neckarabwärts gerichtete Orientierung von Tübingen trifft mit den Echaz- und Erms-abwärtsgerichteten Entwicklungen Reutlingens zusammen.

Die enge Verzahnung der Ergänzungsgebiete über mehrere Gemeinden hinweg sowie die Funktionsteilung der stärker gewerblich ausgerichteten Gemeinden am Albabfall und der vom Dienstleistungsgewerbe bestimmten Stadt Tübingen rechtfertigt die Zusammenfassung zur mehrkernigen Stadtregion Reutlingen/Tübingen.

Die Abgrenzung gegen die Stadtregion Stuttgart war vielfach nur durch die gelegentlich in wenigen Prozentpunkten unterschiedenen Anteile der Pendlerströme zu bestimmen.

Die Kommunalreform hat nicht nur die beiden Kernstädte erheblich erweitert, sondern auch die Vielzahl kleiner Gemeinden zwischen den Kernen zu größeren, leistungsfähigeren Verwaltungseinheiten zusammengefügt. In dem schwierigen Grenzbereich zwischen den Stadtregionen Reutlingen/Tübingen und Stuttgart zu beiden Seiten des Neckar-Tales ist die Neugliederung der Gemeinden noch nicht abgeschlossen. Die Zielplanung der Landesregierung vom 19. 7. 73 weicht in einigen Fällen von der Zugehörigkeit der Gemeinden zu verschiedenen Stadtregionen ab.

4. Stadtregion Heilbronn

Das Kerngebiet der Stadtregion Heilbronn ist im Süden und Osten aus dem Neckartal hinausgewachsen, wo Wohngebiete größeren Umfangs unmittelbar am Stadtrand bereitstanden. Im Osten schiebt sich ein Keil der Verstädterten Zone entlang dem Hang der Löwensteiner Berge vor. Das Schwergewicht der Verstädterten Zone liegt jedoch westlich von Heilbronn und zieht neckarabwärts bis Heinsheim/Gundelsheim und schließt auch Bad Rappenau mit ein.

Die Randzone erfährt ihre größte Ausdehnung im Osten und Südosten. Über die Randzonengemeinden Neckarwestheim und Auenstein besteht ein direkter Anschluß zur Stadtregion Stuttgart.

Die Kommunalreform ist im Gange. Die Zielplanung von 1973 ist für die Kernstadt Heilbronn abgeschlossen. Insgesamt vier Gemeinden, drei im Nordwesten und eine im Süden (eine dem Ergänzungsgebiet und drei der Verstädterten Zone zugehörend), wurden in Heilbronn eingemeindet. Bad Rappenau, bisher als Verstädterte Zone eingestuft, hat mehrere Gemeinden der Randzone, aber auch Gemeinden außerhalb der 1970er Stadtregion aufgenommen und seine Fläche damit erheblich erweitert. Ebenfalls wurden mehrere Gemeinden am Fuß der Löwensteiner Berge zur Gemeinde Obersulm vereinigt.

5. Stadtregion Ulm/Neu-Ulm

Donau- und Illertal im schwäbisch-bayerischen Grenzgebiet um Ulm und Neu-Ulm bestimmen die Erstreckung der Stadtregion. Der Einzugsbereich der größeren Kernstadt Ulm zeigt sich in der größeren Verbreitung von Ergänzungsgebieten über dem Hochufer der Donau. Die Verstädterte Zone im Donau- und Illertal hebt sich im übrigen deutlich ab von den höher gelegenen Randgebieten.

Auf der Schwäbischen Alb konnte Ulm sein Einzugsgebiet soweit nach Norden ausbreiten, daß seine Randzonengemeinden mit den Randzonengemeinden der Stadtregionen Göppingen und Heidenheim gemeinsame Grenzen haben.

Mit der Kommunalreform sind fast alle schwäbischen Ergänzungsgebiete an die Kernstadt gefallen, die außerdem um Gemeinden der Verstädterten Zone und der Randzone erheblich erweitert wurde. Lediglich die Ergänzungsgemeinde Blaustein, mit den westlich anschließenden Gemeinden der Verstädterten Zone und der Randzone vereinigt, bleibt außerhalb der „neuen" Kernstadt.

6. Stadtregion Freiburg i. Br.

Das Kerngebiet der Stadtregion Freiburg setzt sich 1970 aus der Stadt Freiburg i. Br. und vier unmittelbar angrenzenden Gemeinden zusammen. Die Verstädterte Zone zieht sich einmal mit bevorzugten Wohnquartieren Dreisam-aufwärts, zum anderen aber auch in die Gemeinden parallel zum Bergfuß des Schwarzwaldes. Die Randzone ist am ausgedehntesten im Rheintal verbreitet, schließt jedoch auch einige Gemeinden des Hochschwarzwaldes ein.

Durch die Kommunalreform wurde die Kernstadt Freiburg erheblich erweitert. Die Ergänzungsgebietsgemeinden im Rheintal und angrenzende Randzonengemeinden, aber auch die Verstädterte Zone-Gemeinden im Osten wurden der Kernstadt zugeschlagen. Weitere Komunalgebietsänderungen stehen im Bereich der Stadtregion Freiburg an.

7. Stadtregion Pforzheim

Zwischen die Stadtregionen Karlsruhe und Stuttgart schiebt sich die Stadtregion Pforzheim mit einem eigenen Einzugsbereich. Darin bildet das Enztal die Hauptachse der Stadtregion Pforzheim und vor allem des Kerngebietes. Es ist umgeben von einem Kranz von Gemeinden der Verstädterten Zone und der Randzone. An die ostwärtige Stadtgrenze von Pforzheim schließt unmittelbar die Verstädterte Zone der Stadtregion Stuttgart an, mit der noch mehrfach Berührungsflächen bestehen.

In die Kernstadt Pforzheim wurden sowohl Gemeinden des Ergänzungsgebietes als auch der Verstädterten Zone eingemeindet. In dem Bemühen zur Bildung einwohnerstärkerer Gemeinden sind aber auch Ergänzungsgebietsgemeinden mit solchen der Verstädterten Zone und der Randzone vereinigt worden.

8. Stadtregion Göppingen

Das Filstal zwischen Ebersbach und Geislingen a. d. Steige wird vom Kerngebiet der Stadtregion eingenommen. Die Verstädterte Zone konzentriert sich vor allem an den Hängen über dem westlichen Filstal. Dort bestehen auch unmittelbare Zusammenhänge mit der Verstädterten Zone der Stadtregion Stuttgart. Im ostwärtigen Teil der Stadtregion Göppingen sind Gemeinden der Verstädterten Zone nur nachzuweisen, wenn gut ausgebaute Straßen aus dem Filstal auf die benachbarten Höhen hinaufführen. Das gilt für den Raum Donzdorf in bezug auf die Ergänzungsgemeinde Süßen und für Bad Überkingen zu Geislingen a. d. St.

Die Randzone begleitet die Stadtregion Göppingen im Norden, Osten und Südosten als ziemlich geschlossener Gürtel. Sie findet im Osten an mehreren Stellen gemeinsame Grenzen mit den Stadtregionen Ulm/Neu-Ulm und Heidenheim. Die Randzone fehlt im Südwesten, im Grenzbereich der Stadtregionen von Göppingen und Stuttgart.

Im Kreis Göppingen steckt die Kommunalreform noch in den Anfängen. Es läßt sich anhand der Zielplanung der Landesregierung jedoch schon absehen, daß die neuen Gemeinden die klare Gliederung der Stadtregion Göppingen nicht widerspiegeln werden.

9. Stadtregion Villingen/Schwenningen

Im Grenzbereich zwischen den ehemaligen Regierungsbezirken Südbaden und Südwürttemberg-Hohenzollern ist die Stadtregion Villingen (an der Brigach)/Schwenningen (am Neckar) ausgewiesen. In diesem vorwiegend von feinmechanischer und elektrotechnischer Industrie geprägten Raum ist eine neue Verwaltungseinheit, der Schwarzwald-Baar Kreis, entstanden, in dem den wirtschaftlichen Gegebenheiten Rechnung tragend Villingen/Schwenningen zum Zentrum gemacht wurde. Villingen/Schwenningen erhält auf Grund der 1970er Gemeindegrenzen die Gemeinde St. Georgen als Ergänzungsgebiet, obwohl nur die Waldparzellen beider Gemeinden zusammenstoßen. Die Verkehrsverbindung zwischen Villingen und St. Georgen verläuft abseits des Brigach-Tales über die Höhen bei Mönchweiler, das selbst als Verstädterte Zone eingestuft wurde. Verstädterte Zone zu Schwenningen ist Bad Dürrheim. Die Beziehungen der übrigen Stadtregionsgemeinden rechtfertigen, nicht zuletzt auch wegen der topographischen Gegebenheiten, die Einstufung als Randzone.

Nach dem derzeitigen Stand der Verwaltungsreform wurden die Gemeinden Villingen und Schwenningen unter gleichzeitiger Eingemeindung von 8 Gemeinden aus der Randzone zu einer neuen Gemeinde zusammengeschlossen. Auch St. Georgen wurde um mehrere angrenzende Gemeinden erweitert. Die gemeinsame Grenze dieser beiden Kommunen rechtfertigt also auch nachträglich die Einstufung von St. Georgen als Ergänzungsgebiet zu Villingen/Schwenningen.

10. Stadtregion Heidenheim

Entlang des Brenztales erstreckt sich die Stadtregion Heidenheim mit dem Ergänzungsgebiet Giengen und zwei Gemeinden der Verstädterten Zone vorwiegend nach Süden. Die Gemeinden zu beiden Seiten der Brenz auf den Höhen der Schwäbischen Alb einschließlich eines Teiles des bayerischen Kreises Dillingen gehören zur Randzone der Stadtregion Heidenheim. Die nördlich an Heidenheim anschließende Gemeinde Königsbronn gehört nicht zum Einzugsbereich von Heidenheim, sondern tendiert zur Stadtregion Aalen, obwohl Heidenheim die zuständige Kreisstadt ist. Im Westen grenzen die Stadtregionen Heidenheim und Göppingen mit ihren Randzonen aneinander.

Der Kreis Heidenheim zählt 1975 nur noch 11 Gemeinden gegenüber 40 Gemeinden 1970. Abgesehen vom Zusammenschluß der Gemeinden Königsbronn und Zang, die beide zur Stadtregion Aalen tendieren, hat die Neugliederung der Gemeinden keine Gesichtspunkte der Stadtregionsgliederung berücksichtigt.

11. Stadtregion Basel/Lörrach

Obwohl die Kernstadt Basel außerhalb des Bundesgebietes liegt, hat ihr Agglomerationsgrad mit über 100 000 Einwohnern doch das Gewicht einer eigenen Stadtregion. Deshalb war es auch 1970 gerechtfertigt, eine (Teil-)Stadtregion (Basel/)Lörrach auszuweisen.

Im Wiese-Tal liegen neben der „Kernstadt" Lörrach auch die meisten Ergänzungsgebietsgemeinden, während die Gemeinden der Verstädterten Zone sich randlich zum Zentrum entlang des Rhein-Tales erstrecken. Die Bedeutung der Randzone ist für die Stadtregion nur gering, wie sich aus der Anzahl der rd. 8000 Einwohner unschwer ablesen läßt.

Durch die Kommunalreform ist die „Kernstadt" Lörrach um die Ergänzungsgebietsgemeinden Brombach und Haagen sowie die Gemeinden Ötlingen und Hauingen der Verstädterten Zone erweitert.

Die Gemeinde Steinen, 1970 Ergänzungsgebiet, ist jetzt mit den Randzonengemeinden Hägelberg, Schlächtenhaus und Weitenau sowie der nicht der Stadtregion angehörenden Gemeinde Endenburg zu einer neuen Gemeinde zusammengeschlossen. Rheinabwärts wurden zwei Gemeinden des Ergänzungsgebiets vereinigt, rheinaufwärts bildet die zum Ergänzungsgebiet zählende Gemeinde Grenzach mit Wyhlen aus der Verstädterten Zone eine neue Gemeinde.

12. Stadtregion Aalen

Am Oberlauf des Kocher liegt die Stadtregion Aalen, zu deren Kerngebiet die Ergänzungsgemeinden Oberkochen, Wasseralfingen und Fachsenfeld zählen. Zur Verstädterten Zone gehören die Gemeinden Hüttlingen und Unterkochen im Kreis Aalen sowie jenseits der Wasserscheide (und Kreisgrenze) zwischen Kocher und Brenztal auch die Gemeinde Königsbronn im Kreis Heidenheim. Auf den Höhen zu beiden Seiten des Kochertales gelegene Gemeinden einschließlich der Gemeinde Zang sind der Randzone zugeordnet. Die Stadtregionen Aalen und Heidenheim besitzen einen gemeinsamen Grenzverlauf über mehrere Gemeinden.

Abgesehen von der wirtschaftlich starken Gemeinde Oberkochen ist fast das gesamte Kochertal oberhalb Abtsgmünd von der Kommunalreform zu einer einzigen neuen Gemeinde, Aalen-Wasseralfingen, zusammengefaßt worden. Diese Gemeinde schließt auch Gemeinden der Randzone auf den Höhen über dem Kochertal mit ein. Die wesentlichen Teile der Stadtregion Aalen wurden damit in einer einzigen Gemeinde vereinigt.

13. Stadtregion Ravensburg

Ravensburg, das Zentrum des schwäbischen Allgäu, ist die kleinste der baden-württembergischen Stadtregionen. Es wurde durch Beschluß des Landtags von Baden-Württemberg vom 23. 7. 71 auch Sitz des Regionalverbandes „Bodensee-Oberschwaben", der von den neuen Kreisen Ravensburg, Sigmaringen und dem Bodenseekreis getragen wird.

1970 dehnte sich das Kerngebiet mit der Kernstadt Ravensburg und dem Ergänzungsgebiet der Gemeinde Weingarten im Schussental aus. Im gleichen Tal liegen auch die Gemeinden der Verstädterten Zone Baienfurt und Eschach. Die Randzone, deren Abgrenzung durch die Verflechtung der Berufspendlerströme bestimmt wurde, umschließt die obigen Gemeinden halbkreisförmig. Im Süden endet die Stadtregion an der Kreisgrenze des Kreises Ravensburg. Jenseits davon überwiegt der Einfluß von Friedrichshafen, der Kreisstadt des neuen Bodensee-Kreises.

Die Kommunalreform hat das Kerngebiet und die Verstädterte Zone sowie die Randzonengemeinden Baindt und Taldorf, aber auch Adelsreute zu einer einzigen Gemeinde zusammengeschlossen. Im übrigen Kreisgebiet ist die Kommunalreform noch nicht abgeschlossen.

Die Bevölkerung in den Stadtregionen Baden-Württemberg 1970

Stadtregion	Kernstadt	Ergänzungs-gebiet	Kerngebiet	Verstädt. Zone	Randzone	Umland	Stadtregion insgesamt
Stuttgart	633 158	949 521	1 582 679	262 442	87 387	349 829	1 932 508
Karlsruhe	259 245	85 043	344 288	126 872	35 464	162 336	506 624
Reutlingen/Tübingen	134 426	58 901	193 327	54 964	25 374	80 338	273 665
Heilbronn	101 660	44 871	146 531	71 611	45 138	116 749	263 280
Ulm/Neu Ulm	121 323	15 071	136 394	46 144	79 328	125 472	261 866
Freiburg	162 222	10 851	173 073	27 311	42 564	69 875	242 948
Pforzheim	90 338	48 241	138 579	57 587	30 176	87 763	226 342
Göppingen	47 973	101 666	149 639	35 173	33 679	68 852	218 491
Villingen/Schwenningen	72 613	12 454	85 667	7 658	32 681	40 339	125 406
Heidenheim	50 292	14 440	64 732	10 268	35 668	45 936	110 668
(Basel/)Lörrach	33 855	45 788	79 643	22 662	7 969	30 631	110 274
Aalen	37 366	24 174	61 540	15 585	21 681	37 266	98 806
Ravensburg	32 068	17 831	49 899	13 494	24 745	38 239	88 138
Baden-Württemberg insgesamt	1 776 539	1 428 852	3 205 391	751 771	501 854	1 253 625	4 459 016

Die Stadtregionen in Bayern nach der Neuabgrenzung 1970

von

Karl König, Augsburg

Die Zahl der bayerischen Stadtregionen hatte sich unter Zugrundelegung der bei der Erstabgrenzung aufgestellten Mindesteinwohnerzahl von 80 000 Einwohnern für die Gesamtregion von zunächst 9 (Abgrenzung 1950) durch das Hinzukommen der Stadtregionen Ingolstadt und Bayreuth (Abgrenzung 1961) auf 11 erhöht. Bei der echten Neuabgrenzung von 1970 mit veränderten Merkmalen und Schwellenwerten ergab eine Überprüfung der potentiellen städtischen Siedlungsräume, die allerdings aus technischen Gründen vor 1970 mit den damals verfügbaren Fortschreibungsdaten erfolgen mußte, keinen weiteren Neuzugang. Andererseits erwies es sich als notwendig, die bisherigen Stadtregionen Nürnberg/Fürth und Erlangen wegen des zwischen ihnen eingetretenen weiteren Verstädterungsprozesses zu einer dreipoligen „Städteregion" zusammenzufassen. Damit hat sich die Gesamtzahl der bayerischen Stadtregionen auf 10 vermindert.

Die Wahl der neuen Schwellenwerte mußte zunächst in der Gesamtausdehnung der einzelnen Stadtregion allein dadurch eine Erweiterung bringen, daß die Forderung einer hohen „relativen Auspendlerverflechtung" mit dem Kerngebiet als Zentrum der Agglomeration gänzlich fallen gelassen wurde. Beispielsweise konnten damit bei den Stadtregionen Bamberg, Augsburg und Regensburg je 16 Gemeinden in den Regionsbereich einbezogen werden, die dem früheren zusätzlichen Kriterium, daß 60 % oder mehr aller beruflichen Auspendler Pendler in das Kerngebiet sein mußten, nicht entsprochen hätten. Durch die Anhebung des Schwellenwertes der unmittelbaren Pendlerverflechtung von 20 % auf 25 % sind umgekehrt in der Stadtregion Bamberg 9, in der Region Regensburg 14 und in der Stadtregion Augsburg 16 Gemeinden mit Pendlerquoten zwischen 20 % und unter 25 % weggelassen worden, die beim alten Abgrenzungskriterium einzubeziehen gewesen wären. Über die Bilanz aus diesen zusätzlichen Aufnahmen bzw. Ausscheidungen durch Veränderungen der Abgrenzungskriterien hinaus kam es zu einer Vermehrung der Stadtregionsgemeinden, die darauf zurückzuführen ist, daß eben doch auch die Agglomerationsräume sich in ihrem Umgriff ausgeweitet haben.

Die Gebietsreform in Bayern wurde, abgesehen von einzelnen Gemeindezusammenschlüssen, in ihrem ersten Schritt, der eine Kreisreform umfaßte, erst zum 1. 7. 1972 wirksam, so daß die Neuabgrenzung 1970 davon nicht nachteilig beeinflußt wurde. Nachgewiesene Daten für 1961 sind jeweils auf den Gebietsstand der Gemeinden bei der Volkszählung 1970 umgerechnet. Mußte man auch mit der Veränderung der Abgrenzungskriterien von vornherein auf die Wahrung einer vollen Vergleichbarkeit mit den Stadtregionen 1961 verzichten, so spiegeln sich doch im Nachweis der damit eingetretenen Wandlungen und vor allem in deren gegenseitigem Vergleich sehr differenzierte Entwicklungsprozesse in den großen bayerischen Bevölkerungsagglomerationen.

Einen Überblick über die Gesamtentwicklung für die 10 Stadtregionen in Bayern, auch in zonaler Gliederung, vermittelt die Tabelle 1 (am Schluß dieses Beitrages). Wir greifen zunächst die Gesamtveränderung der Stadtregionen hinsichtlich der Zahl der einbezogenen Personen, der Flächen und der Einwohner heraus.

Die Veränderung der bayerischen Stadtregionen durch die Neuabgrenzung 1970

	alte Abgrenzung	neue Abgrenzung	Zunahme, Abnahme (—) Zahl	%
einbezogene Gemeinden	778	1 091	313	40
Fläche in qkm	7 025	9 506	2 481	35
Wohnbevölkerung 1970 in 1 000	4 244,0	4 511,0	267,0	6
Einwohner pro qkm	604	475	—129	—21

Während die Zahl der in die Stadtregionen einbezogenen Gemeinden sowie auch das Gesamtareal sich um mehr als ein Drittel erweitert hat, beträgt der Einwohnerzuwachs gegenüber der alten Abgrenzung nur rd. 6 %. Dabei wirkt sich verzerrend aus, daß das Gewicht der Kerngebiete mit ihrer hohen Verdichtung bei den Einwohnern besonders groß, beim Flächenanteil dagegen relativ niedrig ist. Geht man von den beiden Umlandzonen (Verstädterte und Randzone) aus, so beträgt die Einwohnermehrung mit rd. 13 % knapp ein Drittel des prozentualen Zuwachses bei der Zahl der Gemeinden und der Fläche. Hier spiegelt sich, daß im ganzen doch relativ dünn besiedelte Gebiete mit vor allem kleineren Gemeinden zusätzlich in die Stadtregionen einbezogen wurden. Dabei ist auch zu bedenken, daß die bayerischen Stadtregionen — selbst die dreikernige Region Nürnberg/Fürth/Erlangen — durchweg solitär in einem, abgesehen von Aschaffenburg, noch relativ landwirtschaftlich geprägten Umraum liegen. Gegenüber 1961 ergibt sich für die 10 Stadtregionen aus der Bevölkerungsentwicklung innerhalb der alten Abgrenzungen und der Einwohnerzunahme durch die Neuabgrenzung ein Gesamtzuwachs an Einwohnern in Höhe von rd. 843 800 oder 23 %.

Die *Ausweitung der Ergänzungsgebiete* ist fast ausschließlich eine Folge der eingetretenen Verdichtung unmittelbar vor den Toren der Kernstädte, in der Hauptsache durch deren weiteres Ausufern verursacht. Die Zunahme der Bevölkerung gegenüber dem Stand 1961 nach der damaligen Abgrenzung beträgt, wie wieder aus der Tabelle 1 am Schluß hervorgeht, rd. 260 000 Einwohner und damit knapp zwei Drittel.

Die Ergänzungsgebiete nach alter und neuer Abgrenzung

	alte Abgrenzung	neue Abgrenzung	Zunahme, Abnahme (—) Zahl	%
Zahl der Gemeinden	63	96	33	52
Fläche in qkm	503	806	303	60
Wohnbevölkerung 1970 in 1 000	516,8	657,5	140,7	27
Einwohner pro qkm	1 027	816	—211	—21

Bemerkt sei hierzu noch, daß Gemeinden, die bereits 1961 zum Ergänzungsgebiet gehörten, nach Möglichkeit dort belassen wurden, auch wenn sie die nun geforderte Einwohner-Arbeitsplatzdichte von mindestens 600 pro qkm nicht ganz erfüllten. Das gilt zumal, wenn sie unmittelbar an die Kernstadt angrenzen und von 1961 bis 1970 oder in den letzten Jahren vor der Volkszählung eine deutliche Wachstumstendenz aufwiesen.

Das neue Abgrenzungskriterium für die *Verstädterte Zone*, das mit einer Einwohner-Arbeitsplatzdichte von mindestens 250 bewußt etwas hoch angesetzt wurde, führte in Bayern im ganzen zu der beabsichtigten Einengung dieser Bereiche.

Die Verstädterten Zonen der bayerischen Stadtregionen nach der alten und der neuen Abgrenzung

	alte Abgrenzung	neue Abgrenzung	Zunahme, Abnahme (—) Zahl	%
Zahl der Gemeinden	272	243	— 29	—11
Fläche in qkm	2 372	2 070	—302	—13
Wohnbevölkerung 1970 in 1 000	658,5	636,2	— 22,3	— 3
Einwohner pro qkm	278	307	29	10

Die Minderung der Zahl der in die Verstädterte Zone einbezogenen Gemeinden beruht auf Abgänge nach den zwei angrenzenden Zonen hin, nämlich durch Aufrücken in das Ergänzungsgebiet sowie Zurückstufungen in die Umlandzone. Letzteres geschah vor allem in solchen Fällen, in denen die bisherigen Abgrenzungsmerkmale zu Unrecht einen Zustand der Verstädterung signalisiert hatten. Die Schrumpfungstendenz macht sich bei der Bevölkerung weit weniger bemerkbar als bei der Zahl der einbezogenen Gemeinden sowie der Fläche. Das ist darauf zurückzuführen, daß von den Abstrichen am Außenrand in erster Linie Gemeinden mit relativ geringer Einwohnerzahl betroffen wurden. Trotz der Einengung der Verstädterten Zonen ergibt sich infolge der dort eingetretenen weiteren Verdichtung gegenüber 1961 nach der damaligen Abgrenzung eine Bevölkerungszunahme von rd. 127 000 oder einem Viertel.

Auch beim neuen Abgrenzungskriterium sollte nach den festgelegten Richtlinien versucht werden, als verstädtetes Gebiet eine möglichst geschlossene Zone um die Kernstadt auszuweisen und „angestädterte" Inseln innerhalb der Randzone zu vermeiden. Freilich, bei ausgesprochen städtischen Gemeinden mit hohem Dichtewert und kaum noch landwirtschaftlicher Bevölkerung konnte das nicht durchgehalten werden, zumal wenn ihr städtischer Charakter noch durch eine Anzahl nichtlandwirtschaftlicher Arbeitsstätten und ein eigenes Pendlereinzugsgebiet unterstrichen wurde. Solche singulären Stadtgemeinden außerhalb der Verstädterten Zone mußten vor allem in der Stadtregion Nürnberg/Fürth/Erlangen in größerer Zahl ausgewiesen werden, womit eine Besonderheit der dortigen Siedlungsstruktur im Umraum der Stadtregion ausgedrückt wird, die auch schon bei der Abgrenzung von 1961 deutlich zum Ausdruck kam.

Wenn das Gesamtbild eine Einengung der Verstädterten Zone erkennen läßt, so gilt das nicht auch für jede einzelne der zehn bayerischen Stadtregionen. Die Annahme liegt nahe, daß in den Fällen, in denen das Ergänzungsgebiet in seinem Gewicht außergewöhnlich zugenommen hat, das auf Kosten der Verstädterten Zone gehen mußte und diese in solchen Fällen besonders stark schrumpfte. Einen solchen Zusammenhang kann man von der Wohnbevölkerung her gesehen in den Stadtregionen Aschaffenburg, Ingolstadt, Regensburg, Schweinfurt und in begrenztem Umfang auch in der Stadtregion München erkennen oder zumindest annehmen. Dagegen weisen im Falle der Stadtregionen Bamberg, Nürnberg/Fürth/Erlangen und Würzburg und, etwas gemäßigt, auch der Stadtregion Bayreuth das Ergänzungsgebiet und die Verstädterte Zone recht bemerkenswerte Bevölkerungszugänge auf.

Die eingangs beleuchtete Gesamtausweitung der Stadtregionen mußte sich, zumal bei der im ganzen vorgenommenen Einengung der Verstädterten Zonen, vor allem in einer beträchtlichen *Ausdehnung der Randzonen* bemerkbar machen. Diese spiegelt sich wider in folgenden Veränderungswerten zwischen der alten und der neuen Stadtregionsabgrenzung.

Die Randzonen nach alter und neuer Abgrenzung

	alte Abgrenzung	neue Abgrenzung	Zunahme, Abnahme (—) Zahl	%
Zahl der Gemeinden	431	740	309	72
Fläche in qkm	3 225	5 705	2 480	77
Wohnbevölkerung 1970 in 1 000	345,3	493,9	148,6	43
Einwohner pro qkm	107	87	—20	—19

Mit der schärferen Abgrenzung der Verstädterten Zone ist nun allgemein die Randzone in einen deutlicher ausgeprägten Gegensatz zum übrigen Bereich der Agglomeration getreten. Sie stellt nun, von methodisch bedingten Unschärfen abgesehen, im wesentlichen den Raum dar, dessen Suburbanisierung sich kaum mehr in einer Verdichtung ausdrückt, sondern nur durch die sozioökonomische Verflechtung mit dem Kerngebiet. Die ihr zugehörigen Gemeinden sind sozusagen durch die Sogwirkung des vielfältigen Arbeitsplatzangebots im Schwerpunkt der Agglomeration in deren Einflußbereich geraten. Das gilt überwiegend auch für inselförmig eingelagerte städtische oder verstädterte Gemeinden. Die Zunahme der Bevölkerung in der Randzone gegenüber der alten Abgrenzung mit Daten von 1970 bewegt sich zwischen nur 5 % in Aschaffenburg und über 100 % in den Stadtregionen Ingolstadt, Regensburg und Schweinfurt. Offenbar besteht hier ein gewisser Zusammenhang mit der bisherigen Struktur im Umland der Stadtregionen. Im Falle von Aschaffenburg war 1961 in der Umlandzone der Anteil der in der Landwirtschaft tätigen Erwerbspersonen mit 26 % am niedrigsten vor München mit 27 %. In beiden Fällen war also der äußere Rand der Agglomeration schon überdurchschnittlich vergewerblicht. Umgekehrt war es in den Stadtregionen Ingolstadt und Schweinfurt mit 48 % und 47 % Agrarquote im Jahr 1961, aber auch in Regensburg mit 41 %. Dort ist jetzt das besonders starke Absinken der landwirtschaftlichen Erwerbsbevölkerung mit einer überdurchschnittlichen Ausweitung der Randzone verbunden. Im Vergleich zu 1961 (Abgrenzung 1961) weisen die neuen Randzonen eine Bevölkerungszunahme in Höhe von 198 600 auf, das sind 67 %.

Ist auch die Vergleichbarkeit der Daten aus der Neuabgrenzung mit denen von 1961 nicht ganz gegeben, so drückt sich doch offenbar in der Bevölkerungsentwicklung im Bereich des Ergänzungsgebietes und der Verstädterten Zone zusammen — wir sprechen nachstehend vom „Verdichtungsbereich" des Außenraumes der Stadtregion — in großen Zügen das Fortschreiten des vor allem von der Kernstadt her geprägten Suburbanisierungsprozesses aus. Hierzu wurden nachstehende Zahlen zusammengestellt.

Zunahme der Bevölkerung im „Verdichtungsbereich"
des Außenraumes

(Ergänzungsgebiet + Verstädterte Zone zusammen)

Stadtregion	1970 neue Abgrenzung gegenüber 1961 (Abgr. 61)			1970 neue gegenüber alter Abgrenzung		Zunahme, Abnahme (—) der Kernstadt 1961/70	
	Anzahl	%	in % der Kernstadt-bevölkerung 1961	Anzahl	%	in 1000	in %
Aschaffenburg	26 520	49	49	11 738	17	1,1	2,0
Augsburg	44 520	40	22	12 775	9	2,9	1,4
Bamberg	18 873	64	26	12 788	36	— 3,9	— 5,2
Bayreuth	5 326	39	9	4 136	28	2,7	4,4
Ingolstadt	11 729	50	20	— 493	— 1	10,7	17,9
München	148 463	50	14	33 680	8	208,5	19,2
Nürnberg/Fürth/Erlangen	93 942	38	15	34 671	11	29,6	4,8
Regensburg	13 216	35	11	2 359	5	4,5	3,6
Schweinfurt	5 220	15	9	— 1 022	— 2	1,5	2,6
Würzburg	19 310	43	17	7 725	14	0,3	0,3
Zusammen	387 119	43	16	11 857	10	257,9	10,5

Absolut ist die Zunahme der Bevölkerung vor den Toren der Stadt gegenüber 1961 in der Stadtregion München mit rd. 148 500 weitaus am größten vor der dreipoligen Region Nürnberg/Fürth/Erlangen mit 94 000. Relativ ist die Bevölkerungsausweitung mit nahezu zwei Dritteln in der Stadtregion Bamberg am höchsten vor München und Ingolstadt mit je 50 %. Bezogen auf die Einwohner der Kernstadt (dritte Spalte) ergibt sich für den Raum um Aschaffenburg ein ungewöhnliches Anwachsen der Einwohnerzahlen, gefolgt wieder, allerdings in großem Abstand, von Bamberg. Dort hat freilich die Kernstadt selbst Einbußen hinnehmen müssen (letzte Spalte), während in der Stadtregion München die Kernstadt innerhalb ihrer verhältnismäßig weiten Grenzen von 1961 auf 1970 noch eine weit höhere Bevölkerungszunahme aufweist als der Verdichtungsbereich im Außenraum. So ergibt die Kombination dieser Zahlenreihen, zumal im gegenseitigen Vergleich, recht interessante Aufschlüsse über die Entwicklung im verdichteten Raum der bayerischen Stadtregionen in den 60er Jahren, auf die wir aber aus Platzgründen nicht weiter eingehen können.

Zu den bayerischen *Stadtregionen insgesamt* sei noch bemerkt, daß sie 1970 nach der Neuabgrenzung 43 % der Wohnbevölkerung Bayerns einschließen, nach der alten Abgrenzung 40,5 %. Im Jahre 1961 entfielen noch 38,5 % der bayerischen Bevölkerung auf die Stadtregionen.

Die Einwohnerzahlen der 10 Stadtregionen bewegen sich nach der Neuabgrenzung zwischen rd. 1,83 Millionen in der Stadtregion München und 1,07 Millionen in der dreikernigen Region Nürnberg/Fürth/Erlangen sowie auf der anderen Seite den nur rd. 100 000 Einwohnern in der Stadtregion Bayreuth und je etwas über 150 000 in den Stadtregionen Aschaffenburg und Bamberg bewegt. Die Bevölkerungsdichte, die im Durchschnitt 474 Einwohner pro qkm beträgt, schwankt zwischen den Grenzwerten von 779 in der Stadtregion München und 177 in der Region Schweinfurt. Vergleichsweise sei erwähnt, daß in Bayern insgesamt bei der Zählung 1970 149 Einwohner auf den qkm kamen. Im Mittel ist von den erwerbstätigen Einwohnern der zehn Stadtregionen nur noch etwa jeder 14. in der Landwirtschaft tätig gewesen, wobei hier bei den einzelnen Stadtregionen die Agrarquote zwischen 2 % im Falle von München und 14 % in Schweinfurt schwankt. Auf 100 Erwerbstätige, die in den Stadtregionen wohnen, trafen rd. 106, die in den gleichen Räumen arbeiteten. Der Überschuß an Arbeitskräften, der noch von außen her gewonnen wird, macht insgesamt rd. 121 000 aus.

Die Kernstädte der bayerischen Stadtregionen bewegen sich nach den Daten vom Mai 1970 zwischen 1,29 Millionen Einwohnern in München bzw. 652 000 in den Städten Nürnberg/Fürth/Erlangen zusammen und nur rd. 55 000 oder 58 000 Einwohnern in Aschaffenburg bzw. Schweinfurt.

In den *Ergänzungsgebieten* reichen die Einwohnerbestände von nur 3100 in der Stadtregion Bayreuth bis zu dem gut 80fachen in der Region München mit 257 000 Einwohnern. Wir finden hier weitaus die größte Differenzierung im Gewicht der Einwohnerzahlen. Mit einer Bevölkerungsdichte von 1065 weist dieser „Vorstadtgürtel" in der Stadtregion Augsburg die höchste Verdichtung auf, der als Minimum im Ergänzungsgebiet von Bayreuth 443 Einwohner pro qkm gegenüberstehen. Die Quoten der landwirtschaftlichen Erwerbspersonen liegen zwischen nur 1 % im Falle von Aschaffenburg und 7 % in der Stadtregion Schweinfurt. Auf 100 Erwerbstätige, die im Ergänzungsgebiet wohnen, treffen in der Agglomeration Schweinfurt nur 36, die dort arbeiten, gegenüber dem Extremwert auf der anderen Seite von 98 in der Stadtregion Ingolstadt. Von diesem Fall Ingolstadt abgesehen, überwiegt also bei den Gemeinden der Ergänzungsgebiete der Wohnvorortcharakter.

Bei den *Verstädterten Zonen* klaffen die Bevölkerungszahlen längst nicht so weit auseinander wie in den Ergänzungsgebieten. Sie zeigen einen bemerkenswert engen Zusammenhang mit der Einwohnergröße der Stadtregion insgesamt. Die Grenzen der Einwohnerzahlen der Verstädterten Zonen bewegen sich zwischen knapp 16 000 im Falle von Bayreuth und 185 000 und damit dem Zwölffachen in der Großregion München. Die Bevölkerungsdichten sind schon durch die Schwellenwerte in einen gewissen Rahmen gezwängt. Sie liegen zwischen 241 in der Stadtregion Ingolstadt und 347 in Nürnberg/Fürth/Erlangen. Die Landwirtschaft ist in den Verstädterten Zonen noch zwischen 5 % (Aschaffenburg) und 11 % (Schweinfurt) vertreten.

Noch mehr als in den Ergänzungsgebieten macht sich in den Verstädterten Zonen das Überwiegen der Wohnfunktion bemerkbar, treffen doch zwischen 45 dort arbeitende Erwerbstätige in Schweinfurt und 83 in Augsburg auf 100, die dort wohnen.

Bei den 10 *Randzonen* liegen die Einwohnerzahlen zwischen 97 000 in der Stadtregion München und knapp 17 000 in der Region Bayreuth. Bei der Bevölkerungsdichte, die im Durchschnitt in den 10 Zonen 86 Einwohner pro qkm beträgt, belegt die Region Aschaffenburg mit 155 den ersten Platz vor Bamberg mit 106. Die Großregion München folgt hier erst auf Platz 7. An letzter Stelle liegt mit 66 Einwohnern pro qkm die Stadtregion Bayreuth. Die Agrarquoten in den Randzonen hatten eine Schwankungsbreite von 10 % (Aschaffenburg) bis 33 % (Bayreuth), wobei die Quoten der übrigen Stadtregionen sich zwischen 22 % und 29 % bewegen. Auch in den Randzonen wohnen weit mehr Erwerbstätige, als dort Arbeit finden. Auf 100 Erwerbstätige am Wohnort treffen zwischen 49 und 56, die dort beschäftigt sind, so daß sich hier für alle Stadtregionen ein erhebliches Überwiegen der Wohnfunktion abzeichnet.

Zum Abschluß dieses Kapitels sei auf die Tabellen 2 und 3 am Schluß dieses Beitrages hingewiesen. Tabelle 2 zeigt für die einzelnen Stadtregionen die in der Fläche und bei der Einwohnerzahl durch die Neuabgrenzung eingetretene Veränderung. In den beiden letzten Spalten mit dem Bevölkerungszuwachs gegenüber 1961 (alte Abgrenzung) spiegelt sich die unterschiedliche Gesamtentwicklung der bayerischen Stadtregionen in diesen 9 Jahren.

In Tabelle 3 sind die Anteile der Zonen an der Wohnbevölkerung der einzelnen Stadtregionen nach alter und neuer Abgrenzung zusammengestellt.

Die einzelnen bayerischen Stadtregionen

1. Stadtregion Aschaffenburg

Wenn sich bei der Stadtregion Aschaffenburg die Fläche des Kerngebietes gegenüber 1961 nahezu verdoppelt hat, so ist das ausschließlich auf eine beträchtliche Ausweitung des *Ergänzungsgebietes* zurückzuführen. Dieses zählte im Mai 1970 rd. 48 000 Einwohner gegenüber 55 000 der Kernstadt.

Das überdurchschnittliche Schrumpfen der *Verstädterten Zone* um je 16 % bei der Fläche und den Einwohnern ist eine Folge dieser hohen Abgaben an das Kerngebiet, die durch Zuwächse von außen, die hier trotz der einengenden neuen Abgrenzungsmerkmale für diese Zone gegeben sind, nicht kompensiert werden konnten.

Die *Randzone* der Stadtregion Aschaffenburg ist an sich relativ schwach ausgeprägt und hat sich durch die Neuabgrenzung auch in unterdurchschnittlichem Maße ausgeweitet. Das gilt besonders hinsichtlich der Einwohnerzahl, die dadurch nur um knapp 5 % zugenommen hat. Auffallend ist die außergewöhnlich geringe landwirtschaftliche Durchsetzung der Randzone (Agrarquote 10 %) wie damit allgemein der Stadtregion Aschaffenburg. Daraus resultiert wohl auch die relativ hohe Bevölkerungsdichte der Randzone mit 155 Einwohnern pro qkm.

In der *gesamten Stadtregion Aschaffenburg* haben sich durch die Neuabgrenzung die Zahl der einbezogenen Gemeinden (+10) sowie die Fläche (+61 qkm) unterdurchschnittlich ausgeweitet, während die Einwohnerzahl, wenn der Zugang absolut auch nur 12 700 ausmacht, sich damit relativ besser entwickelt hat. Die Zunahme gegenüber der Abgrenzung 1961 mit Einwohnerzahlen gleichfalls von 1961, die erst die Gesamtentwicklung der Agglomeration erkennen läßt, macht etwas über 31 000 Einwohner oder 25 % aus. Sie liegt damit leicht über dem Mittel aus den entsprechenden Zuwachsquoten der 10 bayerischen Stadtregionen.

2. Stadtregion Augsburg

Die Kernstadt, inzwischen durch Eingemeindungen von 1972 erheblich ausgeweitet, hatte sich 1970 gegenüber dem Jahre 1961 noch nicht verändert. Und doch hat sich mit der Neuabgrenzung das *Ergänzungsgebiet* nur um die Stadt Königsbrunn mit nur knapp 13 000 Einwohnern erweitert. Der von der Fläche wie von der Einwohnerzahl her geringste Zuwachs für ein Kerngebiet unter den bayerischen Stadtregionen erklärt sich vor allem damit, daß hier wegen der damals vergleichsweise noch besonders engen Gemarkungsgrenzen der Kernstadt das Ergänzungsgebiet schon nach der alten Abgrenzung 11 Gemeinden mit knapp 90 000 Einwohnern umfaßte und damit stark ausgeprägt war.

Die geringe Abgabe an das Ergänzungsgebiet hat wohl bewirkt, daß sich die Einengung der *Verstädterten Zone* durch die neuen Abgrenzungskriterien zwar bei der Zahl der einbezogenen Gemeinden und der Fläche etwas auswirkten, während die Einwohnerzahl praktisch durch die Neuabgrenzung keine Änderung erfahren hat.

Die *Randzone* umfaßt nun 91 Gemeinden gegenüber nur 57 nach der alten Abgrenzung, wodurch auch die Fläche um knapp drei Viertel ausgeweitet wurde (entspricht etwa der durchschnittlichen Ausweitung der Randzonen der bayerischen Stadtregionen).

Mit der Neuabgrenzung stieß die Randzone und damit die Stadtregion insgesamt praktisch nach allen Seiten in das 1961 noch relativ ländliche Hinterland vor, wobei sich aber, abgesehen von dem mehr flächenhaften Ausholen im Nordosten, axiale bis fingerförmige Ansätze in Flußtälern bzw. an den dort verlaufenden Straßen mit überörtlicher Bedeutung zeigen. Die Agrarquote der Randzone war 1970 mit 26 % im Rahmen aller bayerischen Stadtregionen leicht überdurchschnittlich, und das gilt auch bezüglich der Bevölkerungsdichte von 86 Einwohnern pro qkm.

Für die *Stadtregion Augsburg insgesamt* sei noch hervorgehoben, daß bei relativ kreisförmiger Ausbildung der Gesamtregion mit stärkerer Ausbuchtung nach dem Westen hin der Verstädterungsprozeß, abgesehen auch wieder von einer Bevorzugung der westlichen Seite, vor allem in Nord-Süd-Richtung entlang des Lechtals verläuft. Die Randzone ist gut ausgeprägt, was wohl auf das Fehlen größerer Arbeitsplatzkonzentrationen in einem weiteren Umlandbereich zurückzuführen ist. Die Zunahme der Bevölkerung der Stadtregion gegenüber 1961 nach der damaligen Abgrenzung beträgt 67 600 Einwohner, das sind knapp 19 %. Sie bleibt damit etwas unter dem für die bayerischen Stadtregionen insgesamt errechneten Durchschnitt.

3. Stadtregion Bamberg

In der Stadtregion Bamberg hat sich das bisher schon schwach ausgeprägte *Ergänzungsgebiet* wohl um Hallstadt mit rd. 6000 Einwohnern erweitert. Es ist aber auch nach der neuen Abgrenzung der Anteil dieser Zone an allen Einwohnern der Stadtregionen mit 10 % nicht allzu bedeutend, wenn auch immer noch größer als in den Stadtregionen Bayreuth, Ingolstadt, Regensburg, Schweinfurt und Würzburg.

Die *Verstädterte Zone*, verhältnismäßig wenig durch Abtretungen an das Ergänzungsgebiet geschwächt, weist hier im ganzen hinsichtlich der Zahl der einbezogenen Gemeinden wie der Fläche und der zugehörigen Bevölkerung eine Stärkung auf. Sie betrifft zwar absolut nur ein Plus von 6800 Einwohnern, macht aber doch rd. ein Viertel der Bevölkerung der bisherigen Verstädterten Zone aus.

In der *Randzone* sind die Zahl der einbezogenen Gemeinden und die Fläche gut auf das $1^1/_2$fache angestiegen. Die Einwohnerzahl hat sich nur um ein Viertel vermehrt. In allen drei Fällen bedeutet das ein deutliches Zurückbleiben gegenüber den mittleren Zuwachsquoten in allen bayerischen Stadtregionen. Die Ausbreitung der Stadtregion Bamberg erfolgte vor allem in breiter Front nach dem Südwesten hin ins Tal der Rauhen Ebrach sowie in nördlicher Richtung entlang der Flußtäler von Main, Itz und Baunach.

Zur *Gesamtregion Bamberg* sei noch bemerkt, daß sich ihre flächenmäßige Ausdehnung durch die Neuabgrenzung prozentual etwa im Rahmen der durchschnittlichen Zuwachsquote hält, während der Einwohnerzugang etwas überdurchschnittlich ist. Vergleicht man aber den Einwohnerzuwachs gegenüber der Abgrenzung und dem Einwohnerbestand von 1961 (Tabelle zum Schluß), so bleibt dieser mit 20 % unter dem Durchschnitt der bayerischen Stadtregionen.

4. Stadtregion Bayreuth

Die Stadtregion Bayreuth schließt nach der Neuabgrenzung fast genau 100 000 Einwohner ein und ist damit nach wie vor die kleinste unter den bayerischen Stadtregionen. Das *Ergänzungsgebiet* umfaßt nun mit dem neu hinzugekommenen Donndorf (1000 Einwohner) zwei Gemeinden mit zusammen nur 3000 Einwohnern, das sind 3 % der Regionsbevölkerung. Dabei erfüllt Laineck, ein Wohnvorort mit 2050 Einwohnern, nicht einmal ganz den geforderten Dichtewert, wurde aber im Kerngebiet belassen, weil es schon 1961 zu diesem gerechnet wurde und die sonstigen Umstände dies auch rechtfertigen.

Die geschlossene *Verstädterte Zone* verzeichnet auch hier durch den neu eingeführten Dichtewert mehrere Abgänge an die Randzone, die aber durch den Zugang von zwei größeren Gemeinden — als Enklaven am Außenrand der Stadtregion gelegen — mehr als kompensiert wurden. Damit ergibt sich im ganzen eine Ausweitung der *Verstädterten Zone*, die bei den Einwohnern 3100 oder ein Viertel beträgt.

Die Vergrößerung der *Randzone*, die fast ausschließlich in südlicher und westlicher Richtung erfolgte, beläuft sich bei der Zahl der Gemeinden, der Fläche und den Einwohnern auf je rund die Hälfte und erreicht damit nicht die Quote, um die im Mittel die Randzonen der bayerischen Stadtregionen durch die Neuabgrenzung anwuchsen. Sie weist mit einer Agrarquote von 33 % auch noch die höchste landwirtschaftliche Durchsetzung auf.

Die *Stadtregion Bayreuth* ist auch *im ganzen* nicht so gewachsen wie allgemein die bayerischen Stadtregionen, was sich insbesondere auch aus der Bevölkerungszuwachsquote gegenüber dem Jahr 1961 nach damaliger Abgrenzung spiegelt (12 %). Obgleich die Kernstadt selbst eine Bevölkerungsdichte von rd. 2000 aufweist und damit unter den 10 Kernstädten an fünfter Stelle liegt, ist die Dichte, insbesondere im Ergänzungsgebiet und in der Randzone, vergleichsweise recht gering.

5. Stadtregion Ingolstadt

Die Neuabgrenzung führte hier erst zur Ausbildung eines *Ergänzungsgebietes*, dem die zwei Gemeinden Manching und Oberhaunstadt mit zusammen rd. 10 900 Einwohnern angehören. Das entspricht fast genau dem vergleichsweise erheblichen relativen Verlust an Einwohnern, den die Verstädterte Zone aufweist. Beim Ergänzungsgebiet ist im übrigen bemerkenswert, daß die Erwerbstätigen, die dort arbeiten, nahezu ebenso zahlreich sind wie diejenigen, die dort wohnen. Das Gebiet ist also in ungewöhnlichem Maße mit Arbeitsplätzen durchsetzt.

Die *Verstädterte Zone* stellt auch nach der neuen Abgrenzung mit 34 000 Einwohnern noch mehr als ein Fünftel der Stadtregionsbevölkerung, und das bedeutet die Höchstquote unter den 10 bayerischen Stadtregionen.

Die *Randzone* der Stadtregion Ingolstadt hat sich gegenüber der alten Abgrenzung in Fläche und Einwohnerzahl etwa verdoppelt, was einer überdurchschnittlichen Veränderung gleichkommt. Hier mußten aber besonders häufig nicht ganz erfüllende Gemeinden, sei es, daß 1970 noch etwas mehr als die Hälfte der Bevölkerung landwirtschaftlich ausgerichtet war oder daß die Pendlerverflechtungen mit dem Kerngebiet nicht ganz ausreichten, mit Sternzeichen aufgenommen werden, um die Verbindung zu weiteren Randzonengemeinden herzustellen oder Lücken in der Zone aufzufüllen.

Zur *Stadtregion Ingolstadt insgesamt* sei bemerkt, daß hier im Umlandbereich (Verstädterte + Randzone) mit 46 % nahezu die Hälfte der Regionsbevölkerung wohnt. Daher rührt es auch, daß die Bevölkerungsdichte der ganzen Stadtregion mit 223 wohl höher als in Bayreuth ist, aber doch sich als relativ niedrig erweist. Die Ausdehnung der Stadtregion durch die Neuabgrenzung war von der Fläche wie von den Einwohnern her gesehen überdurchschnittlich. Vergleicht man die Gesamtbevölkerung der Agglomeration Ingolstadt mit der von 1961 nach der damaligen Abgrenzung, so ergibt sich eine Zunahme um 41 % und damit unter den 10 bayerischen Stadtregionen die höchste relative Zuwachsquote.

6. Stadtregion München

Obgleich in München die Gemarkungen der Kernstadt sehr weit gespannt sind und daher ein Großteil der Randwanderung der Bevölkerung innerhalb der Grenzen der Stadt aufgefangen werden konnte, hat sich das *Ergänzungsgebiet* mit der Neuabgrenzung erheblich erweitert. Die Zahl der zugehörigen Gemeinden ist von 19 auf 28 angestiegen, wobei die Fläche des Ergänzungsgebietes sich um 63 % ausweitete und damit knapp 50 000 Einwohner hinzukamen. Und doch bleiben die Zuwachsquoten erheblich unter den Mittelwerten, wie sie aus den prozentualen Veränderungen bei den einzelnen Stadtregionen errechnet wurden. Dabei ist wohl auch zu bedenken, daß bei so großen Kernstädten die Umlandzone weiter hinausgeschoben wird. Damit wachsen die Entfernungen zum Zentrum, so daß von der Erreichbarkeit her dem Hinauswachsen der Stadtregion ins Umland Grenzen gesetzt sind, die wohl auch durch günstige Nahverkehrsverbindungen nicht gänzlich aufgehoben werden können.

Zur Abgrenzung des Ergänzungsgebietes sei im übrigen bemerkt, daß diese im Falle von München dadurch besondere Schwierigkeiten bereitete, daß es hier vor den Toren der Stadt, vor allem in nördlicher und östlicher Richtung, eine ganze Anzahl großflächiger Gemeinden gibt, bei denen die Einwohner-Arbeitsplatzdichte als Kriterium versagt. Hier haben bereinigte Besiedlungsdichten nach ISTEL[1]) und andere Hilfsmittel gute Dienste geleistet.

Das Ergänzungsgebiet bildet nun einen weitgehend geschlossenen Ring um die Kernstadt und hat Bereiche erfaßt, die bei anderen Stadtregionen erst verstädtert sind. Deshalb tritt hier die *Verstädterte Zone* selbst weniger zonal um die Stadt auf, sondern schiebt sich weit mehr strahlenförmig nach außen entlang von Verkehrsinfrastrukturbändern. In der Stadtregion München führten die einengenden Abgrenzungskriterien für die Verstädterte Zone in Verbindung mit Abgaben an das Ergänzungsgebiet zu einem Schrumpfen dieser Zone von bisher 57 auf 45 Gemeinden, einer Abnahme der Fläche um 31 % und einem Rückgang der Einwohnerzahl um rd. 15 000 oder knapp 8 %.

Obgleich in der Verstädterten Zone Münchens rd. 66 000 dort beschäftigte Erwerbstätige gezählt wurden, ist die Gesamtstruktur, wie übrigens auch im Ergänzungsgebiet, doch deutlich wohnungsorientiert. Auf 100 dort wohnende Erwerbstätige trafen bei der letzten Volkszählung 77, die im gleichen Gebiet arbeiteten (im Ergänzungsgebiet 71).

Die *Randzone* der Stadtregion München hat sich durch die Neuabgrenzung von 45 Gemeinden auf 118 ausgeweitet. Der Flächenzuwachs macht knapp 500 qkm oder 75 % aus

---

[1]) WOLFGANG ISTEL: Entwicklungsachsen und Entwicklungsschwerpunkte — Ein Raumordnungsmodell — Hier: Besiedlungsdichte, S. 74—78, Lehrstuhl für Raumforschung, Raumordnung und Landesplanung der Technischen Universität München, 1971.

(etwa durchschnittlich). Die Zunahme der Bevölkerung beträgt 12 000 oder 14 % und bleibt damit aus Gründen, die weiter oben angeführt wurden, erheblich unter dem Mittel der Einwohnerzuwachsquoten aller 10 bayerischen Randzonen, die bei knapp 50 % liegt.

Die Randzone und damit die Stadtregion insgesamt haben sich vor allem in nördlicher und nordwestlicher Richtung ausgedehnt und damit in einen Bereich, der verkehrsmäßig durch zwei Autobahnen, zwei Bundes- und eine Staatsstraße sowie mehrere Bahnlinien äußerst günstig erschlossen ist. Eine weitere Entwicklungszone ergibt sich genau in entgegengesetzter Richtung in dem Raum östlich des Hofoldinger Forstes.

In beiden Fällen dürfte auch von Einfluß sein, daß sich hier im Außenraum des Kerngebietes größere Industrieansiedlungen entwickelt haben, die auch von weiter her keine allzulangen Anfahrtstrecken erforderlich machen. Im Süden hat sich eine Verstädterte Zone rund um den Nordteil des Starnberger Sees herausgebildet.

Die *Stadtregion München insgesamt* hat sich durch die Neuabgrenzung in ihrem Gebiet insgesamt um rd. ein Fünftel erweitert, während die Bevölkerungszunahme nur knapp 3 % beträgt, was absolut aber 45 500 Einwohnern entspricht. In beiden Fällen handelt es sich um die geringsten Erweiterungsquoten, wobei wir schon darauf verwiesen hatten, welche Bedeutung in diesem Zusammenhang dem Gewicht der ausgedehnten Kernstadt zukommt. Diese umfaßt nach der Neuabgrenzung noch 70 % der Regionsbevölkerung, das ist die Höchstquote unter den 10 bayerischen Stadtregionen. Vergleicht man noch mit der Einwohnerzahl der Stadtregion von 1961 nach der damaligen Abgrenzung, so ergibt sich ein Zuwachs um rd. 384 000 Einwohner oder knapp 27 %.

7. Stadtregion Nürnberg/Fürth/Erlangen

Schon bei der Abgrenzung 1961 hatte zwischen den Kernstädten der Stadtregionen Nürnberg/Fürth und Erlangen eine Brücke über verstädterte Gemeinden bestanden. Die eingetretene weitere Verdichtung im Raum zwischen diesen Kernstädten ließ es richtig erscheinen, sie zusammenzufassen zu einer dreipoligen Stadtregion, zumal in erheblichem Umfang Pendleraustauschbeziehungen zwischen ihnen bestehen. Dabei schien es gerechtfertigt, entsprechend dem Verlauf des Siedlungsbandes, die nicht ganz erfüllende Gemeinde Eltersdorf mit einer Einwohner-Arbeitsplatzdichte von rund 500, aber einem größeren Waldanteil an der Gemeindefläche, mit in das Ergänzungsgebiet einzubeziehen.

Die insgesamt eingetretene Erweiterung der *Ergänzungsgebiete* von 20 auf 30 Gemeinden bedeutet eine Flächenausweitung um 38 % und einen Einwohnerzugang von 17 %. Das Ergänzungsgebiet von Nürnberg/Fürth/Erlangen weist nach dem von Augsburg die höchsten Dichtewerte auf. Es ist mit 78 Erwerbstätigen, die dort arbeiten, je 100 am Wohnort überdurchschnittlich mit Arbeitsplätzen durchsetzt.

Die *Verstädterte Zone* ist auch hier zusammengeschrumpft, allerdings nur in geringem Umfang und nur bei der Zahl der Gemeinden und der Fläche. Die Bevölkerung der Verstädterten Zone hat um 5 % zugenommen. Eine Besonderheit im Falle der Stadtregion Nürnberg/Fürth/Erlangen ist darin zu sehen, daß eine geschlossene Verstädterte Zone nicht vorhanden ist. Man findet wohl gewisse Ballungen, im übrigen deutliche axiale Verstädterungen in nördlicher, östlicher und südlicher Richtung, entlang von Flußtälern bzw. der dort vorhandenen Verkehrsinfrastruktur. Darüber hinaus sind in die Randzone inselförmig zahlreiche Städte oder städtisch strukturierte Gemeinden eingestreut, die zum Teil in bemerkenswertem Umfang Konzentrationen von Arbeitsplätzen erkennen lassen, was auf industrielle Standorte schließen läßt. Diese starke Streuung an verstädterten Enklaven über den Randzonenbereich hin war auch schon bei der alten Abgrenzung gegeben und ist offenbar eine Eigentümlichkeit der Siedlungsstruktur im dortigen Raum. Es erschien nicht vertretbar, diese — im Bestreben, keine verstädterten Inseln in der Randzone zu bilden — mehr als geschehen zu unterdrücken.

Die Verstädterte Zone der Stadtregion Nürnberg/Fürth/Erlangen weist sowohl bei der Bevölkerungsdichte wie auch bei der Einwohner-Arbeitsplatzdichte zusammen mit der entsprechenden Zone in der Stadtregion München die höchsten Dichtewerte unter den verstädterten Gebieten der 10 bayerischen Stadtregionen auf.

Die *Randzone* ist um 41 auf insgesamt 130 Gemeinden aufgestockt worden. Das macht eine Ausweitung um 46 % aus, die sich nahezu in gleicher Höhe bei der Fläche, aber auch bei der Einwohnerzahl ergibt. Absolut beträgt der Zugang 23 200 Einwohner. Auf 100 in der Randzone wohnende Erwerbstätige treffen nur 50, die dort beschäftigt waren. Das Defizit an Arbeitsplätzen ist ähnlich hoch wie in den Randzonen von Aschaffenburg und Regensburg.

Schließlich bleibt zu erwähnen, daß die Gebietsausdehnung durch die Neuabgrenzung relativ gleichmäßig nach allen Seiten aufgetreten ist. Abgesehen von einem breiteren Vordringen im Norden von Erlangen handelt es sich mehr um ein fingerartiges Hinauswachsen entlang von Flußtälern und Straßen.

Die *Stadtregion Nürnberg/Fürth/Erlangen insgesamt* weist durch die Neuabgrenzung bei den Gemeinden und bei der Fläche eine Zunahme um knapp ein Viertel auf, bei der Einwohnerzahl um annähernd 58 000 oder etwa 7 %. Sie wurde damit zur zweiten Stadtregion in Bayern mit über 1 Mio. Einwohnern. Der Bevölkerungszuwachs durch die Ausweitung ist relativ etwa doppelt so groß wie in München. Faßt man auch schon für 1961 die Stadtregionen Nürnberg/Fürth und Erlangen zu einer Einheit zusammen, so ergibt sich gegenüber dem damaligen Bevölkerungsstand in der alten Abgrenzung eine Zunahme um rund 155 000 Einwohner, d. s. knapp 17 %. Diese Quote liegt erheblich unter dem Mittelwert für die bayerischen Stadtregionen, den wir eingangs mit rd. 23 % genannt hatten.

8. Stadtregion Regensburg

Die Stadtregion Regensburg, bisher ohne Ergänzungsgebiet, weist auch nach der Neuabgrenzung 1970 erst zwei *Ergänzungsgemeinden* mit zusammen 5800 Einwohnern auf, von denen eine, nämlich Kareth, mit einer Einwohner-Arbeitsplatzdichte von 429 den geforderten Schwellenwert nicht erfüllt, aber schon infolge ihrer Lage zwischen Kernstadt und der zweiten Ergänzungsgemeinde Lappersdorf so eingestuft werden mußte. Bevölkerungsdichte und Einwohner-Arbeitsplatzdichte dieser Zone sind vergleichsweise gering.

In der *Verstädterten Zone* hat sich die Zahl der einbezogenen Gemeinden um 3 auf 19 vermindert. Die Fläche schrumpfte um 6 %, der Hälfte des Mittelwertes aus den entsprechenden Veränderungsquoten in den 10 bayerischen Stadtregionen. Die Zahl der Einwohner ging um 3434 oder 7,1 % zurück und sank damit überdurchschnittlich.

Die *Randzone* der Stadtregion Regensburg hat sich hinsichtlich der einbezogenen Gemeinden wie der Fläche auf das nahezu 2½fache erweitert und damit durch die Neuabgrenzung die größte relative Ausdehnung unter den Randzonen der bayerischen Stadtregionen erfahren. Das mag auf die vergleichsweise geringe Durchsetzung der weiteren Umgebung mit gewerblichen Arbeitsplätzen zurückzuführen sein, die eine weitgehende Orientierung der in der Landwirtschaft freigewordenen und sonstigen verfügbaren Arbeitskräfte auf den Arbeitsmarkt Regensburg bewirkte. Das wird durch die relativ geringen Dichtewerte wie durch die Zahl von nur 50 Erwerbstätigen, die in der Zone arbeiten, auf je 100, die dort wohnen, bekräftigt.

Die Ausdehnung der Randzone und damit der Stadtregion insgesamt erfolgte flächenhaft in nördlicher Richtung in den verkehrsmäßig gut erschlossenen Raum um die dortigen Flußtäler.

Zur *Gesamtregion* sei abschließend bemerkt, daß sie nun 89 Gemeinden umfaßt gegenüber bisher 50. Die Fläche erweiterte sich um 73 %, die Einwohnerzahl um 25 300 und damit um annähernd 13 %. Bei der Fläche macht das rund die doppelte Zuwachsquote aus, als sie als Mittel aus den prozentualen Erweiterungsquoten aller 10 bayerischen Stadtregionen errechnet wurde. Bei den Einwohnern wird dieses Mittel zumindest leicht überschritten. Vergleicht man mit der Einwohnerzahl von 1961 nach der damaligen Abgrenzung, so beträgt die Zunahme rund 44 000 Einwohner oder knapp 25 %.

9. Stadtregion Schweinfurt

Auf die Kernstadt entfallen hier nach der Neuabgrenzung nur noch 36 % der Bevölkerung der gesamten Stadtregion im Jahre 1970 und damit ein ähnlich niedriger Anteil wie in der Stadtregion Aschaffenburg. Das *Ergänzungsgebiet* hat sich von einer auf drei Gemeinden erweitert, was auch zu einer Verdreifachung der Fläche führte und die Einwohnerzahl um rund 3700 auf 9700 ansteigen ließ.

Die *Verstädterte Zone* war von 20 auf 14 Gemeinden zu reduzieren, wodurch auch Fläche und Einwohnerzahl nicht unbeträchtlich und weit überdurchschnittlich schrumpften.

Die *Randzone* der Stadtregion Schweinfurt erweiterte sich bei der Zahl der Gemeinden, der Fläche sowie den Einwohnern auf mehr als das Doppelte und damit ähnlich wie bei der Stadtregion Regensburg und Ingolstadt in ungewöhnlichem Maße. Auch hier dürfte das auf eine ursprünglich stark landwirtschaftlich ausgerichtete Umgebung zurückzuführen sein, die nun in den Sog des Kerngebietes geraten ist. Die Agrarquote ist jetzt mit 29 % noch relativ hoch.

Die Ausdehnung der Randzone erfolgte nahezu nach allen Himmelsrichtungen, bevorzugt aber — und dabei in breiter Front — in Richtung der Stadtregion Würzburg, die sie mit der Gemeindegrenze von Schwanfeld unmittelbar berührt, sowie in nordöstlicher Richtung.

Die Entwicklung der *gesamten Stadtregion* Schweinfurt übertrifft wegen der außerordentlichen Ausdehnung der Randzone gleichfalls mit rund 70 % bei der Flächenausweitung und 25 % bei der Bevölkerung erheblich das Mittel aus den Zuwachsquoten durch die Neuabgrenzung aller bayerischen Stadtregionen. Obgleich nun die Stadtregion Schweinfurt mit 162 000 Einwohnern immerhin den 6. Platz unter den bayerischen Stadtregionen belegt, weist sie mit einer Bevölkerungsdichte von 177 Einwohnern pro qkm und einer Einwohner-Arbeitsplatzdichte von 260 weitaus die geringste Verdichtung auf und fällt auch mit einer Agrarquote von noch 14 % aus der Reihe. Die Zunahme der Bevölkerung gegenüber 1961 nach damaliger Abgrenzung beträgt 43 000 Einwohner, das entspricht etwa 36 % und ist weit überdurchschnittlich.

10. Stadtregion Würzburg

Durch die Neuabgrenzung 1970 wurde hier das *Ergänzungsgebiet* lediglich um eine Gemeinde auf fünf erweitert. Der Flächenumgriff hat sich damit um rund 1/6 erhöht, der Einwohnerzuwachs betrug etwa 4000 oder 22 %. Mit insgesamt 22 300 Einwohnern macht damit der Anteil des Ergänzungsgebietes an der Gesamtbevölkerung der Region knapp 10 % aus, und das erweist sich als unterdurchschnittliche Quote. Im Ergänzungsgebiet der Stadt Würzburg treffen auf 100 Erwerbstätige, die dort wohnen, nur 40, die dort arbeiten, so daß die gesamte Zone als stark wohnungsorientiert erscheint.

Bei der *Verstädterten Zone* haben wir hier unter den 10 bayerischen Stadtregionen den 4. Fall vor uns, in dem die Neuabgrenzung nicht zu einer Einengung, sondern Erweiterung dieses Bereiches geführt hat. Es sind zwei Gemeinden hinzugekommen, die einen Zuwachs der Fläche um knapp 1/5 bewirkten und bei der Bevölkerung 3700 Einwohner mehr erbrachten, das sind nahezu 10 %. Die Dichtewerte in der Verstädterten Zone sind mit 265 Einwohnern pro qkm bzw. 317 Einwohnern plus Arbeitsplätzen pro qkm nicht allzu hoch. Auf 100 Erwerbstätige, die im verstädterten Gebiet wohnten, trafen hier 47, die dort arbeiten, und das ist auch ein relativ niedriger Wert.

Bemerkt sei noch hinsichtlich der räumlichen Entwicklung der Verstädterten Zone, daß diese deutliche axiale Entwicklungen entlang des Donautals in nordwestliche wie in südöstliche Richtung aufweist, im übrigen aber das Schwergewicht im Osten der Kernstadt liegt.

Die *Randzone* hat durch die Neuabgrenzung einen Zuwachs von 21 Gemeinden auf insgesamt 48 erhalten. Die Fläche hat sich damit um 88 % erweitert, die Einwohnerzahl um 40 %. Dichtewerte, wie das Arbeitsplatzangebot im Verhältnis zu den dort wohnenden Erwerbstätigen, können als leicht überdurchschnittlich bezeichnet werden. Das gilt auch für die Agrarquote, die noch 26 % beträgt. Im übrigen entfällt auf die Randzone rund 1/5 der Gesamtbevölkerung.

Die *Stadtregion Würzburg insgesamt* hat sich hinsichtlich der Zahl der einbezogenen Gemeinden wie auch der Fläche durch die Neuabgrenzung rund auf das 1 1/2 fache erweitert. Der Zugang bei der Einwohnerzahl beträgt 20 800 oder 10 %. Sie zählt damit zu den Stadtregionen, die sich in überdurchschnittlichem Maße ausgeweitet haben. Vergleicht man aber mit der Einwohnerzahl von 1961 nach der damaligen Abgrenzung, so ergibt sich eine Zunahme um 36 000 Einwohner oder nur 19 %, während als Mittel für alle 10 bayerischen Stadtregionen ein Wert von 23 % errechnet wurde.

Tabelle 1:

Die 10 bayerischen Stadtregionen 1970 nach alter und neuer Abgrenzung

Veränderungen bei einbezogenen Gemeinden, Flächen und Einwohnern

Zonen	Einbezogene Gemeinden				Zugehörige Fläche (qkm)				Wohnbevölkerung 1970 nach		Zu-, Abnahme (—)		Zunahme 1970 (neue Abgrenzung) gegenüber 1961 (Abgrenzung 1961)**)	
	alte Abgrenzung	neue Abgrenzung	Zu-, Abgang (—) Anzahl	%*)	alte Abgrenzung	neue Abgrenzung	Zu-, Abgang (—) Anzahl	%*)	alter Abgrenzung	neuer Abgrenzung	Anzahl	%*)	Anzahl	%*)
I Kernstädte	12	12	—	—	925	925	—	—	2 723 445	2 723 445	—	—	258 010	10,5
II Ergänzungsgebiete	63	96	33	52,4	503	806	303	60,2	516 775	657 490	140 715	27,2	260 209	65,5
Kerngebiete (I + II)	75	108	33	44,0	1 428	1 731	303	21,2	3 240 220	3 380 935	140 715	4,3	518 219	18,1
III Verstädterte Zonen	272	243	—29	—10,7	2 372	2 070	—302	—12,7	658 513	636 155	—22 358	—3,4	126 910	24,9
IV Randzonen	431	740	309	71,7	3 225	5 705	2 480	77,1	345 291	493 893	148 602	43,0	198 636	67,3
Umlandzonen (III + IV)	703	983	280	39,8	5 597	7 775	2 178	38,9	1 003 804	1 130 048	126 244	12,6	325 546	40,5
Stadtregionen insgesamt	778	1 091	313	40,2	7 025	9 506	2 481	35,3	4 244 024	4 510 983	266 959	6,2	843 765	23,0

*) Gewogene Veränderungsquoten.
**) Gebietsstand der Gemeinden 1970.

Tabelle 2: Veränderung der Fläche und Einwohnerzahl
der bayerischen Stadtregionen durch die Neuabgrenzung 1970

Stadtregion	Fläche in qkm				Wohnbevölkerung 1970 in 1000				Zunahme der Bevölk. 1970 neue Abgrenzg. geg. 1961 (Abgr. 1961)	
	alte Abgrenzung	neue Abgrenzung	Zunahme qkm	%	alte Abgrenzung	neue Abgrenzung	Zunahme 1000 E.	%	1000 E.	%
Aschaffenburg	304	364	60	19,7	143,9	156,6	12,7	8,8	31,3	25,0
Augsburg	798	1 071	273	34,2	406,3	431,4	25,1	6,2	67,6	18,6
Bamberg	349	501	152	43,6	134,7	154,4	19,7	14,6	25,7	20,0
Bayreuth	250	345	95	38,0	90,6	100,0	9,4	10,4	13,6	15,7
Ingolstadt	452	678	226	50,0	133,4	151,5	18,1	13,6	44,0	41,0
München	1 971	2 353	382	19,4	1 787,9	1 833,4	45,5	2,6	383,6	26,5
Nürnberg/Fürth/Erlangen	1 429	1 761	332	23,2	1 011,9	1 069,8	57,9	5,7	154,8	16,9
Regensburg	460	795	335	72,8	198,5	223,8	25,3	12,7	44,2	24,6
Schweinfurt	542	917	375	69,2	129,7	162,2	32,5	25,1	43,1	36,2
Würzburg	470	721	251	53,4	207,1	227,9	20,8	10,1	36,0	18,8
Zusammen	7 025	9 506	2 481	35,3	4 244,0	4 511,0	267,0	6,2	843,9	23,0
ungewogen*)				42,4				11,0		24,3

*) Mittel aus Zuwachsquoten der einzelnen Stadtregionen.

Tabelle 3:

Aufteilung der Wohnbevölkerung auf die Zonen der Stadtregionen

a) Neuabgrenzung 1970, Wohnbevölkerung 1970
b) Abgrenzung 1961, Wohnbevölkerung 1970
c) Abgrenzung 1961, Wohnbevölkerung 1961 (Gebietsstand der Gemeinden 1970)

Stadtregion		Stadtregion insgesamt	Kernstädte		Ergänzungsgebiete		Verstädterte Zonen		Randzone	
			Anzahl	%	Anzahl	%	Anzahl	%	Anzahl	%
Aschaffenburg	a	156 565	55 193	35,2	47 535	30,4	33 419	21,4	20 418	13,0
	b	143 898	55 193	38,3	29 324	20,4	39 892	27,8	19 489	13,5
	c	125 299	54 131	43,1	22 905	18,3	31 529	25,2	16 734	13,4
Augsburg	a	431 355	211 566	49,0	102 252	23,7	60 329	14,0	57 208	13,3
	b	406 333	211 566	52,0	89 474	22,0	60 332	14,9	44 961	11,1
	c	363 791	208 659	57,4	71 788	19,7	46 273	12,7	37 071	10,2
Bamberg	a	154 416	70 581	45,7	15 791	10,2	32 713	21,2	35 331	22,9
	b	134 710	70 581	52,3	9 781	7,3	25 935	19,3	28 413	21,1
	c	128 694	74 464	57,9	8 200	6,4	21 431	16,6	24 599	19,1
Bayreuth	a	100 005	64 536	64,5	3 098	3,1	15 812	15,8	16 559	16,6
	b	90 622	64 536	71,0	2 050	2,0	12 724	14,0	11 312	13,0
	c	86 367	61 835	71,5	1 955	2,3	11 629	13,5	10 948	12,7
Ingolstadt	a	151 515	70 414	46,4	10 860	7,2	33 976	22,4	36 265	24,0
	b	133 372	70 414	52,8	—	—	45 329	34,0	17 629	13,2
	c	107 493	59 673	55,5	—	—	33 107	30,8	14 713	13,7

Noch Tabelle 3: *Aufteilung der Wohnbevölkerung auf die Zonen der Stadtregionen*

Stadtregion		Stadtregion insgesamt	Kernstädte		Ergänzungsgebiete		Verstädterte Zonen		Randzone	
			Anzahl	%	Anzahl	%	Anzahl	%	Anzahl	%
München	a	1 833 380	1 293 590	70,6	257 427	14,0	185 465	10,1	96 898	5,3
	b	1 787 869	1 293 590	72,3	208 449	11,7	200 763	11,2	85 067	4,8
	c	1 449 960	1 085 053	74,8	147 517	10,2	146 912	10,1	70 478	4,9
Nürnberg/Fürth/	a	1 069 841	652 439	60,9	182 686	17,1	156 013	14,6	78 703	7,4
Erlangen	b	1 011 932	652 439	64,4	155 757	15,4	148 271	14,7	55 465	5,5
	c	914 917	622 809	68,1	126 526	13,8	118 231	12,9	47 351	5,2
Regensburg	a	223 801	129 589	57,9	5 793	2,6	45 039	20,1	43 380	19,4
	b	198 503	129 589	65,3	—	—	48 473	24,4	20 441	10,3
	c	179 705	125 047	69,6	—	—	37 616	20,9	17 042	9,5
Schweinfurt	a	162 175	58 390	36,0	9 746	6,0	30 994	19,1	63 045	38,9
	b	129 677	58 390	45,0	3 675	2,8	38 087	29,4	29 525	22,8
	c	119 107	56 881	47,8	2 802	2,3	32 718	27,5	26 706	22,4
Würzburg	a	227 930	117 147	51,4	22 302	9,8	42 395	18,6	46 086	20,2
	b	207 108	117 147	56,6	18 265	8,8	38 707	18,7	32 989	15,9
	c	191 885	116 883	69,9	15 588	8,1	29 799	15,5	29 615	15,5
Bayer. Stadtreg.	a	4 510 983	2 723 445	60,3	657 490	14,1	636 155	11,0	493 893	14,6
zusammen	b	4 244 024	2 723 445	64,2	516 775	12,2	658 513	15,5	345 291	8,1
	c	3 667 218	2 465 435	67,2	397 281	10,8	509 245	13,9	295 257	8,1

Tabelle 1

Aggregierte Gemeindedaten nach Zonen der Stadtregionen 1950, 1961, 1970
(Fläche, Bevölkerung, Erwerbstätige, Einwohner-Arbeitsplatzdichte, Pendler)

Zone	Fläche in qkm			Wohnbevölkerung			Erwerbstätige am Wohnort 1970	Erwerbstätige in der Land- u. Forstw. in % der Erwerbstätigen am Wohnort	Einwohner-/ Arbeitsplatzdichte je qkm	Berufsauspendler in % der Erwerbstätigen am Wohnort	Berufsauspendler in das Kerngebiet in % der Erwerbstätigen am Wohnort
	1950	1961	1970*)	1950	1961	1970*)					
Stadtregion AACHEN											
Kernstädte (1)	58	58	59	129 811	169 769	173 475	69 813	1	4 610	9	—
Ergänzungsgebiet (2)	163	179	318	180 525	224 103	314 393	122 422	2	1 308	50	—
Kerngebiet (1 + 2)	222	237	377	310 336	393 872	487 868	192 235	2	1 809	35	—
Verstädterte Zone (3)	151	219	107	39 156	49 427	34 108	13 634	4	391	65	52
Randzone (4)	82	11	117	14 096	1 512	16 623	6 189	10	166	66	43
Umlandzone (3 + 4)	234	230	224	53 252	50 939	50 731	19 823	6	274	65	49
Stadtregion insgesamt (1 + 2 + 3 + 4)	455	467	599	363 588	444 811	538 599	212 058	2	1 246	38	—
Stadtregion AALEN											
Kernstädte (1)	—	—	55	—	—	37 366	16 759	4	1 060	23	—
Ergänzungsgebiet (2)	—	—	43	—	—	24 174	10 983	3	928	29	—
Kerngebiet (1 + 2)	—	—	98	—	—	61 540	27 742	3	1 000	25	—
Verstädterte Zone (3)	—	—	62	—	—	15 585	7 077	4	336	52	41
Randzone (4)	—	—	221	—	—	21 681	9 693	17	127	52	36
Umlandzone (3 + 4)	—	—	283	—	—	37 266	16 770	11	173	52	38
Stadtregion insgesamt (1 + 2 + 3 + 4)	—	—	381	—	—	98 806	44 512	6	385	35	—
Stadtregion ASCHAFFENBURG											
Kernstädte (1)	49	49	49	45 499	54 131	55 193	23 499	1	1 938	13	—
Ergänzungsgebiet (2)	16	35	79	10 734	22 905	47 535	20 683	1	798	54	—
Kerngebiet (1 + 2)	65	84	128	56 233	77 036	102 728	44 182	1	1 238	32	—
Verstädterte Zone (3)	28	127	104	11 143	31 529	33 419	14 436	5	409	54	39
Randzone (4)	108	97	132	18 181	16 734	20 418	8 842	10	188	61	35
Umlandzone (3 + 4)	137	223	236	29 324	48 263	53 837	23 278	7	285	56	38
Stadtregion insgesamt (1 + 2 + 3 + 4)	202	307	364	85 557	125 299	156 564	67 460	3	620	41	—

*) Die Vergleichbarkeit der Werte von 1970 mit denen von 1950 und 1961 ist wegen Veränderung der Schwellenwerte nur bedingt möglich.

Zone	Fläche in qkm			Wohnbevölkerung			Erwerbstätige am Wohnort 1970	Erwerbstätige in der Land- u. Forstw. in % der Erwerbstätigen am Wohnort	Einwohner-/ Arbeitsplatzdichte je qkm	Berufsauspendler in % der Erwerbstätigen am Wohnort	Berufsauspendler in das Kerngebiet in % der Erwerbstätigen am Wohnort
	1950	1961	1970*)	1950	1961	1970*)					
				Stadtregion AUGSBURG							
Kernstädte (1)	86	86	86	185 183	208 659	211 566	101 498	1	4 125	7	—
Ergänzungsgebiet (2)	73	76	96	47 242	71 572	102 252	47 711	2	1 396	61	—
Kerngebiet (1 + 2)	159	162	182	232 425	280 231	313 818	149 209	1	2 686	25	—
Verstädterte Zone (3)	44	248	225	9 380	46 267	60 329	27 694	7	371	49	42
Randzone (4)	326	388	664	35 653	37 296	57 208	26 886	26	107	55	37
Umlandzone (3 + 4)	370	636	889	45 033	83 563	117 537	54 580	17	174	52	39
Stadtregion insgesamt (1 + 2 + 3 + 4)	529	799	1 071	277 458	363 794	431 355	203 789	5	601	32	—
				Stadtregion BAMBERG							
Kernstädte (1)	26	34	36	76 180	74 115	70 581	29 495	2	3 315	5	—
Ergänzungsgebiet (2)	3	11	22	3 985	8 291	15 791	6 869	3	892	68	—
Kerngebiet (1 + 2)	29	45	58	80 165	82 406	86 372	36 364	2	2 395	17	—
Verstädterte Zone (3)	35	88	111	8 365	21 502	32 713	13 889	8	371	62	47
Randzone (4)	132	214	332	18 729	24 777	35 331	15 913	23	131	57	42
Umlandzone (3 + 4)	167	302	443	27 094	46 279	68 044	29 802	16	192	59	44
Stadtregion insgesamt (1 + 2 + 3 + 4)	196	347	501	107 259	128 685	154 416	66 166	8	446	36	—

(Stadtregion BASEL / LÖRRACH siehe Seite 118)

Zone	Fläche in qkm			Wohnbevölkerung			Erwerbstätige am Wohnort 1970	Erwerbstätige in der Land- u. Forstw. in % der Erwerbstätigen am Wohnort	Einwohner-/ Arbeitsplatzdichte je qkm	Berufsauspendler in % der Erwerbstätigen am Wohnort	Berufsauspendler in das Kerngebiet in % der Erwerbstätigen am Wohnort
	1950	1961	1970*)	1950	1961	1970*)					
				Stadtregion BAYREUTH							
Kernstädte (1)	—	32	32	—	61 835	64 536	28 159	1	3 241	3	—
Ergänzungsgebiet (2)	—	5	7	—	1 955	3 098	1 414	5	549	73	—
Kerngebiet (1 + 2)	—	37	39	—	63 790	67 634	29 573	1	2 769	7	—
Verstädterte Zone (3)	—	49	55	—	11 629	15 812	7 252	8	375	57	49
Randzone (4)	—	164	251	—	10 948	16 559	8 332	33	84	51	42
Umlandzone (3 + 4)	—	213	306	—	22 577	32 371	15 584	22	137	54	45
Stadtregion insgesamt (1 + 2 + 3 + 4)	—	250	345	—	86 367	100 005	45 157	8	434	23	—

Zone	Fläche in qkm			Wohnbevölkerung			Erwerbstätige am Wohnort 1970	Erwerbstätige in der Land- u. Forstw. in % der Erwerbstätigen am Wohnort	Einwohner-/ Arbeitsplatzdichte je qkm	Berufsauspendler in % der Erwerbstätigen am Wohnort	Berufsauspendler in das Kerngebiet in % der Erwerbstätigen am Wohnort
	1950	1961	1970*)	1950	1961	1970*)					
Stadtregion BIELEFELD											
Kernstädte (1)	47	47	48	153 613	174 642	168 937	75 009	1	5 661	13	—
Ergänzungsgebiet (2)	38	65	370	46 477	75 042	249 956	108 895	3	969	32	—
Kerngebiet (1 + 2)	85	112	418	200 090	249 684	418 893	183 904	2	1 508	24	—
Verstädterte Zone (3)	153	185	305	47 689	64 654	90 312	38 618	7	390	46	32
Randzone (4)	82	19	65	18 530	7 163	8 780	3 678	14	164	63	42
Umlandzone (3 + 4)	235	204	371	66 219	71 817	99 092	42 296	7	350	47	33
Stadtregion insgesamt (1 + 2 + 3 + 4)	320	316	789	266 309	321 501	517 985	226 200	3	963	28	—
Stadtregion BONN / SIEGBURG											
Kernstädte (1)	31	53	165	115 394	177 824	308 202	131 041	1	2 866	10	—
Ergänzungsgebiet (2)	89	154	34	92 915	184 495	30 769	12 639	1	1 108	64	—
Kerngebiet (1 + 2)	120	207	199	208 309	362 319	338 971	143 680	1	2 564	15	—
Verstädterte Zone (3)	9	271	538	3 827	72 476	163 441	66 669	9	384	50	34
Randzone (4)	103	137	116	13 948	29 475	13 121	5 233	15	131	65	39
Umlandzone (3 + 4)	112	408	654	17 775	101 951	176 562	71 902	9	339	51	34
Stadtregion insgesamt (1 + 2 + 3 + 4)	232	615	853	226 084	464 270	515 533	215 582	4	858	27	—
Stadtregion BRAUNSCHWEIG / WOLFENBÜTTEL											
Kernstädte (1)	76	77	77	223 760	246 085	223 700	97 123	0	4 630	6	—
Ergänzungsgebiet (2)	3	38	50	1 685	53 746	71 308	30 955	2	1 891	+53	—
Kerngebiet (1 + 2)	79	114	127	225 445	299 831	295 008	128 078	1	3 548	+17	—
Verstädterte Zone (3)	64	318	122	20 924	52 663	38 516	16 291	5	371	72	57
Randzone (4)	254	178	623	39 406	16 876	64 003	27 593	15	121	66	48
Umlandzone (3 + 4)	318	496	745	60 330	69 539	102 519	43 884	11	162	68	52
Stadtregion insgesamt (1 + 2 + 3 + 4)	397	610	872	285 775	369 370	397 527	171 962	3	655	30	—

Zone	Fläche in qkm			Wohnbevölkerung			Erwerbstätige am Wohnort 1970	Erwerbstätige in der Land- u. Forstw. in % der Erwerbstätigen am Wohnort	Einwohner-/ Arbeitsplatzdichte je qkm	Berufsauspendler in % der Erwerbstätigen am Wohnort	Berufsauspendler in das Kerngebiet in % der Erwerbstätigen am Wohnort
	1950	1961	1970*)	1950	1961	1970*)					
Stadtregion BREMEN											
Kernstädte (1)	324	366	366	444 549	621 829	645 541	279 866	1	2 659	4	—
Ergänzungsgebiet (2)	2	20	168	1 260	11 176	72 752	30 523	5	568	54	—
Kerngebiet (1 + 2)	326	386	534	445 809	633 005	718 293	310 389	1	2 001	9	—
Verstädterte Zone (3)	217	562	209	55 550	120 698	54 317	22 883	9	349	51	42
Randzone (4)	420	711	1 268	48 379	58 893	111 440	48 186	23	111	50	39
Umlandzone (3 + 4)	637	1 273	1 477	103 929	179 591	165 757	71 069	18	144	51	40
Stadtregion insgesamt (1 + 2 + 3 + 4)	963	1 659	2 011	549 738	812 596	884 050	381 458	4	638	17	—
Stadtregion BREMERHAVEN											
Kernstädte (1)	80	80	80	114 070	141 849	140 443	57 192	5	2 550	13	—
Ergänzungsgebiet (2)	—	46	46	—	31 944	35 171	14 178	3	1 063	22	—
Kerngebiet (1 + 2)	80	125	126	114 070	173 793	175 614	71 370	4	2 001	14	—
Verstädterte Zone (3)	32	106	23	7 641	13 938	6 337	2 567	7	334	65	58
Randzone (4)	342	570	891	28 183	35 238	55 707	23 599	25	79	49	36
Umlandzone (3 + 4)	374	676	914	35 824	49 176	62 044	26 166	23	85	51	38
Stadtregion insgesamt (1 + 2 + 3 + 4)	454	801	1 040	149 894	222 969	237 658	97 536	9	318	24	—
Stadtregion CELLE											
Kernstädte (1)	—	—	49	—	—	57 155	24 345	1	1 796	16	—
Ergänzungsgebiet (2)	—	—	—	—	—	—	—	—	—	—	—
Kerngebiet (1 + 2)	—	—	49	—	—	57 155	24 345	1	—	—	—
Verstädterte Zone (3)	—	—	24	—	—	6 127	2 514	5	360	62	47
Randzone (4)	—	—	284	—	—	23 936	10 115	9	106	62	37
Umlandzone (3 + 4)	—	—	308	—	—	30 063	12 629	8	126	62	39
Stadtregion insgesamt (1 + 2 + 3 + 4)	—	—	357	—	—	87 218	36 974	4	353	31	—

Zone	Fläche in qkm			Wohnbevölkerung			Erwerbstätige am Wohnort 1970	Erwerbstätige in der Land- u. Forstw. in % der Erwerbstätigen am Wohnort	Einwohner-/ Arbeitsplatzdichte je qkm	Berufsauspendler in % der Erwerbstätigen am Wohnort	Berufsauspendler in das Kerngebiet in % der Erwerbstätigen am Wohnort
	1950	1961	1970*)	1950	1961	1970*)					
Stadtregion DARMSTADT											
Kernstädte (1)	116	117	117	94 788	136 412	148 224	20 941	1	2 049	11	—
Ergänzungsgebiet (2)	13	41	123	7 428	26 225	72 881	32 766	3	754	61	—
Kerngebiet (1 + 2)	129	157	240	102 216	162 637	214 105	93 707	2	1 383	28	—
Verstädterte Zone (3)	185	214	191	58 223	72 281	70 561	31 017	5	467	62	41
Randzone (4)	29	41	139	9 825	6 186	21 488	9 475	14	182	66	38
Umlandzone (3 + 4)	214	255	330	68 048	78 467	92 049	40 492	7	347	63	41
Stadtregion insgesamt (1 + 2 + 3 + 4)	343	412	570	170 264	241 104	306 154	134 199	3	783	39	12
Stadtregion DÜREN											
Kernstädte (1)	—	22	22	—	49 138	53 620	21 453	1	3 817	27	—
Ergänzungsgebiet (2)	—	22	36	—	19 719	27 437	11 441	2	1 122	55	—
Kerngebiet (1 + 2)	—	44	58	—	68 857	81 057	32 894	2	2 140	37	—
Verstädterte Zone (3)	—	107	80	—	18 323	23 240	9 150	5	353	62	48
Randzone (4)	—	5	350	—	492	38 761	14 944	12	133	62	41
Umlandzone (3 + 4)	—	112	430	—	18 815	62 001	24 094	9	174	62	44
Stadtregion insgesamt (1 + 2 + 3 + 4)	—	156	488	—	87 672	143 058	56 988	5	407	47	—
Stadtregion EMDEN											
Kernstädte (1)	—	—	61	—	—	48 525	19 246	2	1 351	2	—
Ergänzungsgebiet (2)	—	—	5	—	—	2 539	964	2	596	83	—
Kerngebiet (1 + 2)	—	—	66	—	—	51 064	20 210	2	1 286	6	—
Verstädterte Zone (3)	—	—	—	—	—	—	—	—	—	—	—
Randzone (4)	—	—	372	—	—	63 114	23 464	16	200	62	37
Umlandzone (3 + 4)	—	—	372	—	—	63 114	23 464	16	200	62	37
Stadtregion insgesamt (1 + 2 + 3 + 4)	—	—	438	—	—	114 178	43 674	10	363	36	—

Zone	Fläche in qkm			Wohnbevölkerung			Erwerbstätige am Wohnort 1970	Erwerbstätige in der Land- u. Forstw. in % der Erwerbstätigen am Wohnort	Einwohner-/Arbeitsplatzdichte je qkm	Berufsauspendler in %. der Erwerbstätigen am Wohnort	Berufsauspendler in das Kerngebiet in % der Erwerbstätigen am Wohnort
	1950	1961	1970*)	1950	1961	1970*)					
Stadtregion FLENSBURG											
Kernstädte (1)	50	50	51	102 832	98 464	95 476	39 358	1	2 821	4	—
Ergänzungsgebiet (2)	—	—	—	—	—	—	—	—	—	—	—
Kerngebiet (1 + 2)	50	50	51	102 832	98 464	95 476	39 358	1	2 821	4	—
Verstädterte Zone (3)	32	78	25	6 888	15 515	7 808	3 298	4	377	61	58
Randzone (4)	48	88	587	3 305	4 766	40 564	16 121	23	87	46	36
Umlandzone (3 + 4)	80	166	612	10 193	20 281	48 372	19 419	20	100	49	40
Stadtregion insgesamt (1 + 2 + 3 + 4)	130	216	663	113 025	118 745	143 848	58 777	7	308	19	—
Stadtregion FRANKFURT / OFFENBACH											
Kernstädte (1)	242	237	240	621 067	799 276	786 941	399 670	1	5 691	7	—
Ergänzungsgebiet (2)	178	423	701	142 878	383 232	677 914	316 421	1	1 326	52	—
Kerngebiet (1 + 2)	420	660	941	763 945	1182 508	1464 855	716 091	1	2 440	27	—
Verstädterte Zone (3)	568	920	839	184 643	253 700	295 424	128 019	4	450	60	46
Randzone (4)	435	204	688	105 624	38 639	94 834	140 308	11	166	63	39
Umlandzone (3 + 4)	1 003	1 124	1 527	290 267	292 339	390 258	168 327	6	322	61	44
Stadtregion insgesamt (1 + 2 + 3 + 4)	1 423	1 784	2 468	1054 212	1474 847	1855 113	884 418	2	1 129	34	9
Stadtregion FREIBURG											
Kernstädte (1)	80	80	80	109 717	145 016	162 222	68 824	1	3 211	4	—
Ergänzungsgebiet (2)*)	—	3	28	—	2 250	10 851	4 764	7	467	72	—
Kerngebiet (1 + 2)	80	83	108	109 717	147 266	173 073	73 588	1	2 499	8	—
Verstädterte Zone (3)	10	103	83	2 452	21 807	27 311	11 867	10	410	59	46
Randzone (4)	119	234	353	16 836	29 219	42 564	19 783	21	151	55	43
Umlandzone (3 + 4)	129	337	436	19 288	51 026	69 875	31 650	17	200	56	44
Stadtregion insgesamt (1 + 2 + 3 + 4)	209	420	544	129 005	198 292	242 948	105 238	6	656	23	—

*) Das Ergänzungsgebiet umfaßt auch Gemeinden, die bis zum 1. Februar 1972 in die Kernstadt eingemeindet wurden, obwohl deren Einwohner-/Arbeitsplatz-Dichte unter dem geforderten Schwellenwert liegen.

Zone	Fläche in qkm			Wohnbevölkerung			Erwerbstätige am Wohnort 1970	Erwerbstätige in der Land- u. Forstw. in % der Erwerbstätigen am Wohnort	Einwohner-/ Arbeitsplatzdichte je qkm	Berufsauspendler in % der Erwerbstätigen am Wohnort	Berufsauspendler in das Kerngebiet in % der Erwerbstätigen am Wohnort
	1950	1961	1970*)	1950	1961	1970*)					
Stadtregion FULDA											
Kernstädte (1)	19	19	20	42 213	45 131	45 539	18 613	1	4 181	5	—
Ergänzungsgebiet (2)	10	12	11	5 935	9 164	12 713	4 970	2	1 311	79	—
Kerngebiet (1 + 2)	29	30	31	48 148	54 295	58 252	23 583	1	3 159	21	—
Verstädterte Zone (3)	26	158	49	4 367	24 336	13 691	5 512	7	315	76	70
Randzone (4)	381	364	538	41 306	31 980	54 749	22 099	17	125	57	43
Umlandzone (3 + 4)	407	522	587	45 673	56 316	68 440	27 611	15	141	61	48
Stadtregion insgesamt (1 + 2 + 3 + 4)	436	553	618	93 821	110 611	126 692	51 194	9	292	42	26
Stadtregion GIESSEN											
Kernstädte (1)	57	57	57	46 712	66 291	75 555	31 021	1	2 261	10	—
Ergänzungsgebiet (2)	5	12	34	4 037	9 604	21 921	9 994	3	958	50	—
Kerngebiet (1 + 2)	62	69	92	50 749	75 895	97 476	41 015	2	1 762	19	—
Verstädterte Zone (3)	88	250	166	28 306	57 811	47 128	20 837	7	351	65	51
Randzone (4)	232	178	210	42 156	25 387	29 038	12 945	13	166	63	45
Umlandzone (3 + 4)	320	428	376	70 462	83 198	76 166	33 782	9	248	65	48
Stadtregion insgesamt (1 + 2 + 3 + 4)	382	497	468	121 211	159 093	173 642	74 797	5	545	38	22
Stadtregion GÖPPINGEN											
Kernstädte (1)	—	39	39	—	48 937	47 973	23 027	2	2 104	17	—
Ergänzungsgebiet (2)	—	61	119	—	46 369	101 666	49 222	2	1 286	34	—
Kerngebiet (1 + 2)	—	100	158	—	95 306	149 639	72 249	2	1 488	29	—
Verstädterte Zone (3)	—	170	120	—	36 256	35 173	16 556	8	367	59	48
Randzone (4)	—	53	292	—	5 129	33 679	16 272	15	144	56	42
Umlandzone (3 + 4)	—	223	412	—	41 385	68 852	32 828	11	209	57	46
Stadtregion insgesamt (1 + 2 + 3 + 4)	—	323	570	—	136 691	218 491	105 077	5	564	38	

Zone	Fläche in qkm			Wohnbevölkerung			Erwerbstätige am Wohnort 1970	Erwerbstätige in der Land- u. Forstw. in % der Erwerbstätigen am Wohnort	Einwohner-/ Arbeitsplatzdichte je qkm	Berufsauspendler in %. der Erwerbstätigen am Wohnort	Berufsauspendler in das Kerngebiet in % der Erwerbstätigen am Wohnort
	1950	1961	1970*)	1950	1961	1970*)					
Stadtregion GÖTTINGEN											
Kernstädte (1)	26	27	74	78 680	80 373	108 991	42 873	1	2 328	3	—
Ergänzungsgebiet (2)	12	36	—	5 458	21 836	—	—	—	—	—	—
Kerngebiet (1 + 2)	38	63	74	84 138	102 209	108 991	42 873	1	2 328	3	—
Verstädterte Zone (3)	108	151	47	21 452	21 455	14 648	6 325	6	390	65	58
Randzone (4)	179	282	647	19 094	22 953	59 156	25 858	18	111	60	48
Umlandzone (3 + 4)	287	433	694	40 546	44 408	73 804	32 183	15	130	61	50
Stadtregion insgesamt (1 + 2 + 3 + 4)	325	496	768	124 684	146 617	182 795	75 056	7	341	28	—
Stadtregion GOSLAR											
Kernstädte (1)	65	—	65	40 689	—	40 045	16 975	1	961	12	—
Ergänzungsgebiet (2)	29	—	32	35 991	—	33 159	13 612	1	1 445	58	—
Kerngebiet (1 + 2)	94	—	97	76 680	—	73 204	30 587	1	1 124	33	—
Verstädterte Zone (3)	13	—	55	2 960	—	14 104	5 701	4	328	52	32
Randzone (4)	45	—	599	6 738	—	13 127	5 395	13	26	65	43
Umlandzone (3 + 4)	58	—	654	9 698	—	27 231	11 096	8	52	58	38
Stadtregion insgesamt (1 + 2 + 3 + 4)	152	—	751	86 378	—	100 435	41 683	3	530	40	—
Stadtregion HAMBURG											
Kernstädte (1)	747	747	747	1605 606	1832 346	1793 823	827 707	1	3 660	2	—
Ergänzungsgebiet (2)	153	205	279	107 331	158 488	260 055	117 004	3	1 245	54	—
Kerngebiet (1 + 2)	900	952	1 026	1712 937	1990 834	2053 878	944 711	1	3 005	9	—
Verstädterte Zone (3)	319	650	319	79 471	139 312	96 569	41 983	6	379	62	53
Randzone (4)	744	368	1 236	100 645	57 691	171 259	72 762	11	176	55	43
Umlandzone (3 + 4)	1 063	1 018	1 555	180 146	197 003	267 828	114 745	9	217	58	47
Stadtregion insgesamt (1 + 2 + 3 + 4)	1 963	1 969	2 581	1893 083	2187 837	2321 706	1059 456	2	1 345	14	—

Zone	Fläche in qkm			Wohnbevölkerung			Erwerbstätige am Wohnort 1970	Erwerbstätige in der Land- u. Forstw. in % der Erwerbstätigen am Wohnort	Einwohner-/ Arbeitsplatzdichte je qkm	Berufsauspendler in % der Erwerbstätigen am Wohnort	Berufsauspendler in das Kerngebiet in % der Erwerbstätigen am Wohnort
	1950	1961	1970*)	1950	1961	1970*)					
Stadtregion HAMELN											
Kernstädte (1)	—	38	38	—	50 443	47 414	20 824	1	2 098	10	—
Ergänzungsgebiet (2)	—	—	9	—	—	7 874	3 403	2	1 098	72	—
Kerngebiet (1 + 2)	—	38	47	—	50 443	55 288	24 227	1	1 900	19	—
Verstädterte Zone (3)	—	165	49	—	24 693	11 163	4 681	8	293	59	42
Randzone (4)	—	125	323	—	11 488	30 457	12 743	16	114	57	43
Umlandzone (3 + 4)	—	290	372	—	36 181	41 620	17 424	14	138	58	43
Stadtregion insgesamt (1 + 2 + 3 + 4)	—	318	419	—	86 624	96 908	41 651	6	325	35	—
Stadtregion HAMM											
Kernstädte (1)	25	25	45	59 866	70 641	84 942	33 463	1	2 821	18	—
Ergänzungsgebiet (2)	80	80	232	61 500	69 498	135 479	52 996	3	780	30	—
Kerngebiet (1 + 2)	105	105	277	121 366	140 139	220 421	86 459	3	1 110	26	—
Verstädterte Zone (3)	33	39	39	11 517	15 466	11 497	4 475	7	401	57	52
Randzone (4)	20	22	80	3 410	2 268	9 274	3 628	19	146	51	30
Umlandzone (3 + 4)	53	61	119	14 927	17 734	20 771	8 103	12	230	54	42
Stadtregion insgesamt (1 + 2 + 3 + 4)	158	166	396	136 293	157 873	241 192	94 562	3	846	28	—
Stadtregion HANNOVER											
Kernstädte (1)	134	135	135	444 296	572 917	523 941	244 066	1	6 595	6	—
Ergänzungsgebiet (2)	76	102	160	63 413	106 616	198 787	91 523	1	1 627	65	—
Kerngebiet (1 + 2)	210	236	295	507 709	679 533	722 728	335 589	1	3 901	22	—
Verstädterte Zone (3)	212	601	543	60 204	108 204	232 777	98 848	3	564	50	41
Randzone (4)	497	277	1 332	60 212	65 523	130 239	57 735	13	116	62	44
Umlandzone (3 + 4)	919	1 115	2 170	628 125	853 260	1 085 744	492 515	3	740	33	—
Stadtregion insgesamt (1 + 2 + 3 + 4)	919	1 115	2 170	628 125	853 260	1 085 744	492 515	3	740	33	—

Zone	Fläche in qkm			Wohnbevölkerung			Erwerbstätige am Wohnort 1970	Erwerbstätige in der Land- u. Forstw. in % der Erwerbstätigen am Wohnort	Einwohner-/ Arbeitsplatzdichte je qkm	Berufsauspendler in % der Erwerbstätigen am Wohnort	Berufsauspendler in das Kerngebiet in % der Erwerbstätigen am Wohnort
	1950	1961	1970*)	1950	1961	1970*)					
Stadtregion HEIDENHEIM											
Kernstädte (1)	—	65	65	—	48 790	50 292	23 091	1	1 227	9	—
Ergänzungsgebiet (2)	—	18	18	—	10 825	14 440	6 987	1	1 383	13	—
Kerngebiet (1 + 2)	—	83	84	—	59 615	64 732	30 078	1	1 252	10	—
Verstädterte Zone (3)	—	208	26	—	27 243	10 268	4 836	3	546	46	38
Randzone (4)	—	168	391	—	9 794	35 668	17 343	16	113	57	44
Umlandzone (3 + 4)	—	376	417	—	37 037	45 936	22 179	13	140	55	43
Stadtregion insgesamt (1 + 2 + 3 + 4)	—	460	501	—	96 652	110 668	52 257	6	325	29	—
Stadtregion HEILBRONN											
Kernstädte (1)	61	61	64	64 643	89 100	101 660	47 706	2	2 714	8	—
Ergänzungsgebiet (2)	11	26	58	9 310	23 881	44 871	21 120	4	1 198	40	—
Kerngebiet (1 + 2)	72	87	122	73 953	112 981	146 531	68 826	2	1 995	18	—
Verstädterte Zone (3)	53	291	256	17 207	69 542	71 611	32 115	10	351	54	46
Randzone (4)	272	240	328	50 311	31 079	45 138	20 327	19	202	54	40
Umlandzone (3 + 4)	325	531	584	67 518	100 621	116 749	52 442	13	251	54	44
Stadtregion insgesamt (1 + 2 + 3 + 4)	397	619	706	141 471	213 602	263 280	121 268	7	551	33	—
Stadtregion HERFORD											
Kernstädte (1)	25	25	79	50 107	55 663	65 531	29 250	3	1 297	15	—
Ergänzungsgebiet (2)	29	43	297	25 049	42 765	181 353	80 191	4	875	31	—
Kerngebiet (1 + 2)	54	68	376	75 156	98 428	246 884	109 441	4	964	26	—
Verstädterte Zone (3)	21	70	117	6 158	18 959	36 860	16 118	8	407	48	28
Randzone (4)	64	31	12	17 994	4 916	1 334	640	17	133	68	21
Umlandzone (3 + 4)	85	101	129	24 152	23 875	38 194	16 758	8	389	49	27
Stadtregion insgesamt (1 + 2 + 3 + 4)	139	169	505	99 308	122 303	285 078	126 199	4	818	29	—

Zone	Fläche in qkm			Wohnbevölkerung			Erwerbstätige am Wohnort 1970	Erwerbstätige in der Land- u. Forstw. in % der Erwerbstätigen am Wohnort	Einwohner-/ Arbeitsplatzdichte je qkm	Berufsauspendler in % der Erwerbstätigen am Wohnort	Berufsauspendler in das Kerngebiet in % der Erwerbstätigen am Wohnort
	1950	1961	1970*)	1950	1961	1970*)					
Stadtregion HILDESHEIM											
Kernstädte (1)	32	32	33	72 292	96 296	93 800	39 966	1	4 495	11	—
Ergänzungsgebiet (2)	—	—	15	—	—	9 973	4 185	1	819	69	—
Kerngebiet (1 + 2)	32	32	48	72 292	96 296	103 773	44 151	1	3 372	16	—
Verstädterte Zone (3)	46	186	90	10 208	34 397	22 618	9 841	7	318	64	48
Randzone (4)	169	127	379	27 216	14 455	43 219	17 838	15	133	60	41
Umlandzone (3 + 4)	215	313	469	37 426	48 852	65 837	26 702	12	168	64	44
Stadtregion insgesamt (1 + 2 + 3 + 4)	247	345	517	109 716	145 148	169 610	80 726	5	471	30	—
Stadtregion INGOLSTADT											
Kernstädte (1)	—	39	51	—	53 405	70 414	30 907	1	2.368	8	—
Ergänzungsgebiet (2)	—	—	23	—	—	10 860	4 689	5	672	52	—
Kerngebiet (1 + 2)	—	39	74	—	53 405	81 274	35 596	2	1 832	14	—
Verstädterte Zone (3)	—	181	141	—	39 070	33 976	14 852	9	301	62	53
Randzone (4)	—	221	463	—	15 018	36 265	16 149	26	97	54	40
Umlandzone (3 + 4)	—	402	604	—	54 088	70 241	31 001	18	144	58	46
Stadtregion insgesamt (1 + 2 + 3 + 4)	—	440	678	—	107 493	151 515	66 597	9	328	34	—
Stadtregion KAISERSLAUTERN											
Kernstädte (1)	96	96	139	62 761	86 259	99 617	41 386	1	1 127	7	—
Ergänzungsgebiet (2)	5	8	6	2 830	5 239	3 586	1 453	3	671	75	—
Kerngebiet (1 + 2)	101	104	145	65 591	91 498	103 203	42 839	1	1 111	9	—
Verstädterte Zone (3)	69	261	103	14 315	36 326	21 748	8 632	4	285	51	32
Randzone (4)	255	80	492	26 686	8 622	51 899	21 025	11	125	65	41
Umlandzone (3 + 4)	324	341	595	41 001	44 948	73 647	29 657	9	135	61	39
Stadtregion insgesamt (1 + 2 + 3 + 4)	424	446	740	106 592	136 446	176 850	72 496	4	340	30	—

Zone	Fläche in qkm			Wohnbevölkerung			Erwerbstätige am Wohnort 1970	Erwerbstätige in der Land- u. Forstw. in % der Erwerbstätigen am Wohnort	Einwohner-/Arbeitsplatzdichte je qkm	Berufsauspendler in % der Erwerbstätigen am Wohnort	Berufsauspendler in das Kerngebiet in % der Erwerbstätigen am Wohnort
	1950	1961	1970*)	1950	1961	1970*)					
Stadtregion KARLSRUHE											
Kernstädte (1)	123	123	123	198 840	241 929	259 245	115 799	1	3 420	5	—
Ergänzungsgebiet (2)	30	79	144	16 451	45 393	85 043	37 454	2	821	53	—
Kerngebiet (1 + 2)	153	202	267	215 291	257 322	344 288	153 253	1	2 017	17	—
Verstädterte Zone (3)	192	398	399	59 870	104 344	126 872	54 729	5	399	59	45
Randzone (4)	337	143	202	59 185	25 907	35 464	14 943	10	206	64	39
Umlandzone (3 + 4)	529	541	601	119 055	130 251	162 336	69 672	6	335	60	44
Stadtregion insgesamt (1 + 2 + 3 + 4)	683	743	868	334 346	417 573	506 624	222 925	3	850	30	—
Stadtregion KASSEL											
Kernstädte (1)	106	105	106	162 132	207 507	214 156	88 967	1	3 234	7	—
Ergänzungsgebiet (2)	22	30	57	13 172	18 496	35 824	15 322	3	1 031	55	—
Kerngebiet (1 + 2)	128	135	163	175 304	226 003	249 980	104 289	1	2 459	14	—
Verstädterte Zone (3)	166	426	302	46 890	83 623	92 874	38 589	6	372	65	56
Randzone (4)	450	292	636	65 869	32 118	66 311	27 985	16	125	59	45
Umlandzone (3 + 4)	616	718	938	112 759	115 741	159 185	66 574	10	205	63	51
Stadtregion insgesamt (1 + 2 + 3 + 4)	744	853	1 101	288 063	341 744	409 165	170 863	5	539	33	—
Stadtregion KIEL											
Kernstädte (1)	65	79	110	254 449	273 284	271 719	114 553	1	3 732	3	—
Ergänzungsgebiet (2)	12	23	34	9 956	22 222	28 499	11 446	3	1 003	68	—
Kerngebiet (1 + 2)	77	102	144	264 405	295 506	300 218	125 999	1	3 089	9	—
Verstädterte Zone (3)	96	153	85	26 819	43 230	38 522	15 593	4	559	59	53
Randzone (4)	218	262	537	24 772	18 304	40 658	16 038	20	93	51	40
Umlandzone (3 + 4)	314	415	622	51 591	61 534	79 180	31 631	12	157	55	47
Stadtregion insgesamt (1 + 2 + 3 + 4)	391	517	766	315 996	357 040	379 398	157 630	3	703	18	—

Zone	Fläche in qkm			Wohnbevölkerung			Erwerbstätige am Wohnort 1970	Erwerbstätige in der Land- u. Forstw. in % der Erwerbstätigen am Wohnort	Einwohner-/ Arbeitsplatzdichte je qkm	Berufsauspendler in % der Erwerbstätigen am Wohnort	Berufsauspendler in das Kerngebiet in % der Erwerbstätigen am Wohnort
	1950	1961	1970*)	1950	1961	1970*)					
Stadtregion KOBLENZ / NEUWIED *)											
Kernstädte (1)	58	93	242	66 457	146 424	209 134	86 300	2	1 348	10	—
Ergänzungsgebiet (2)	54	115	110	24 818	74 818	68 762	28 113	2	834	46	—
Kerngebiet (1 + 2)	112	207	352	91 275	221 242	277 896	114 413	2	1 188	19	—
Verstädterte Zone (3)	106	252	121	32 098	63 431	32 019	12 664	8	329	57	43
Randzone (4)	82	172	509	13 599	27 792	62 497	24 668	13	148	59	42
Umlandzone (3 + 4)	188	424	630	45 697	91 223	94 516	37 332	12	183	58	42
Stadtregion insgesamt (1 + 2 + 3 + 4)	300	631	982	136 972	312 465	372 412	151 745	4	543	29	—

*) Namens- und Gebietsstandsänderung.

Stadtregion BASEL / LÖRRACH (nur D)											
Kernstädte (1)	—	—	19	—	—	33 855	15 622	1	2 815	21	—
Ergänzungsgebiet (2)	—	35	43	—	55 813	45 788	21 131	2	1 505	44	—
Kerngebiet (1 + 2)	—	35	62	—	55 813	79 643	36 753	1	1 910	34	—
Verstädterte Zone (3)	—	58	63	—	20 135	22 662	10 012	6	452	60	37
Randzone (4)	—	53	89	—	7 002	7 969	3 902	27	112	54	35
Umlandzone (3 + 4)	—	111	152	—	27 137	30 631	13 914	12	253	59	37
Stadtregion insgesamt (1 + 2 + 3 + 4)	—	146	214	—	82 950	110 274	50 667	4	686	41	—

Stadtregion LÜBECK											
Kernstädte (1)	202	202	214	238 276	235 200	239 339	99 641	1	1 632	5	—
Ergänzungsgebiet (2)	19	19	23	15 604	15 287	19 554	7 882	2	1 056	63	—
Kerngebiet (1 + 2)	221	221	237	253 880	250 487	258 893	107 523	1	1 575	9	—
Verstädterte Zone (3)	68	143	3	10 475	21 768	1 192	479	7	404	73	70
Randzone (4)	153	68	189	24 028	3 071	24 801	10 071	11	155	65	57
Umlandzone (3 + 4)	221	211	192	34 503	24 839	25 993	10 550	11	159	65	57
Stadtregion insgesamt (1 + 2 + 3 + 4)	442	433	429	288 383	275 326	284 886	118 073	2	942	14	—

Zone	Fläche in qkm			Wohnbevölkerung			Erwerbstätige am Wohnort 1970	Erwerbstätige in der Land- u. Forstw. in % der Erwerbstätigen am Wohnort	Einwohner-/ Arbeitsplatzdichte je qkm	Berufsauspendler in % der Erwerbstätigen am Wohnort	Berufsauspendler in das Kerngebiet in % der Erwerbstätigen am Wohnort
	1950	1961	1970*)	1950	1961	1970*)					
Stadtregion LÜDENSCHEID											
Kernstädte (1)	—	13	88	—	58 239	78 993	36 595	1	1 334	5	—
Ergänzungsgebiet (2)	—	—	77	—	—	54 534	23 590	1	1 027	14	—
Kerngebiet (1 + 2)	—	13	165	—	58 239	133 527	60 185	1	1 191	8	—
Verstädterte Zone (3)	—	—	26	—	—	7 500	3 211	2	386	35	32
Randzone (4)	—	101	—	—	21 090	—	—	—	—	—	—
Umlandzone (3 + 4)	—	101	26	—	21 090	7 500	3 211	2	386	35	32
Stadtregion insgesamt (1 + 2 + 3 + 4)	—	114	191	—	79 329	141 027	63 396	1	1 081	10	—
Stadtregion LÜNEBURG											
Kernstädte (1)	—	42	42	—	59 563	59 516	25 019	1	2 207	11	—
Ergänzungsgebiet (2)	—	—	—	—	—	—	—	—	—	—	—
Kerngebiet (1 + 2)	—	42	42	—	59 563	59 516	25 019	1	2 207	11	—
Verstädterte Zone (3)	—	59	45	—	10 862	14 027	5 595	4	373	69	55
Randzone (4)	—	249	396	—	13 885	25 410	10 749	20	79	59	40
Umlandzone (3 + 4)	—	308	441	—	24 747	39 437	16 344	15	109	62	45
Stadtregion insgesamt (1 + 2 + 3 + 4)	—	356	483	—	84 310	98 953	41 363	6	290	31	—
Stadtregion MARBURG											
Kernstädte (1)	—	—	23	—	—	46 968	16 785	1	3 258	10	—
Ergänzungsgebiet (2)	—	—	4	—	—	2 419	923	4	1 027	52	—
Kerngebiet (1 + 2)	—	—	27	—	—	49 387	17 708	1	2 918	12	—
Verstädterte Zone (3)	—	—	67	—	—	20 120	8 299	6	387	62	50
Randzone (4)	—	—	347	—	—	32 775	13 590	21	116	58	38
Umlandzone (3 + 4)	—	—	414	—	—	52 895	21 889	15	156	60	43
Stadtregion insgesamt (1 + 2 + 3 + 4)	—	—	441	—	—	102 282	39 697	9	326	38	23

Zone	Fläche in qkm			Wohnbevölkerung			Erwerbstätige am Wohnort 1970	Erwerbstätige in der Land- u. Forstw. in % der Erwerbstätigen am Wohnort	Einwohner-/ Arbeitsplatzdichte je qkm	Berufsauspendler in % der Erwerbstätigen am Wohnort	Berufsauspendler in das Kerngebiet in % der Erwerbstätigen am Wohnort
	1950	1961	1970*)	1950	1961	1970*)					
Stadtregion MINDEN											
Kernstädte (1)	28	28	28	41 527	48 705	48 912	20 537	1	2 981	10	—
Ergänzungsgebiet (2)	18	37	72	11 194	23 275	44 193	18 056	3	761	60	—
Kerngebiet (1 + 2)	46	65	100	52 721	71 980	93 105	38 593	2	1 389	37	—
Verstädterte Zone (3)	71	79	104	27 876	22 775	30 079	12 511	9	363	61	40
Randzone (4)	49	109	233	8 003	15 633	27 306	11 931	20	146	55	34
Umlandzone (3 + 4)	120	188	337	35 879	38 408	57 385	24 442	14	213	58	37
Stadtregion insgesamt (1 + 2 + 3 + 4)	166	254	437	88 600	110 388	150 490	63 035	7	484	45	—
Stadtregion MÖNCHENGLADBACH / RHEYDT / VIERSEN											
Kernstädte (1)	173	174	232	240 155	288 079	336 493	141 931	2	2 086	20	—
Ergänzungsgebiet (2)	52	52	111	32 498	36 048	51 291	21 333	6	625	31	—
Kerngebiet (1 + 2)	225	226	343	272 653	324 127	387 784	163 264	2	1 612	21	—
Verstädterte Zone (3)	14	44	216	4 177	19 427	61 977	25 846	8	378	44	31
Randzone (4)	96	88	67	32 949	26 834	12 519	5 173	12	229	59	25
Umlandzone (3 + 4)	110	132	283	37 126	46 261	74 496	31 019	8	342	46	30
Stadtregion insgesamt (1 + 2 + 3 + 4)	335	358	626	309 779	370 388	462 280	194 283	3	1 038	25	—
Stadtregion MÜNCHEN											
Kernstädte (1)	312	310	311	831 937	1085 014	1293 590	685 390	0	6 744	3	—
Ergänzungsgebiet (2)	123	204	335	85 732	147 517	257 427	123 477	2	1 030	58	—
Kerngebiet (1 + 2)	435	514	646	917 669	1232 531	1551 017	808 867	1	3 780	11	—
Verstädterte Zone (3)	278	790	545	51 847	146 895	185 465	85 406	5	461	52	41
Randzone (4)	653	666	1 162	70 650	70 346	96 898	47 165	22	106	54	39
Umlandzone (3 + 4)	930	1 456	1 707	122 497	217 241	282 363	132 571	11	219	53	41
Stadtregion insgesamt (1 + 2 + 3 + 4)	1 365	1 970	2 353	1040 166	1449 772	1833 380	941 438	2	1 198	17	—

Zone	Fläche in qkm			Wohnbevölkerung			Erwerbstätige am Wohnort 1970	Erwerbstätige in der Land- u. Forstw. in % der Erwerbstätigen am Wohnort	Einwohner-/ Arbeitsplatzdichte je qkm	Berufsauspendler in % der Erwerbstätigen am Wohnort	Berufsauspendler in das Kerngebiet in % der Erwerbstätigen am Wohnort
	1950	1961	1970*)	1950	1961	1970*)					
Stadtregion MÜNSTER (Westf.)											
Kernstädte (1)	67	74	74	118 496	182 721	198 371	77 099	1	4 103	5	—
Ergänzungsgebiet (2)	—	25	25	—	12 902	20 394	8 461	2	1 062	53	—
Kerngebiet (1 + 2)	67	99	99	118 496	195 623	218 765	85 560	1	3 330	10	—
Verstädterte Zone (3)	5	131	47	1 837	20 167	12 305	4 739	8	335	53	46
Randzone (4)	225	315	795	29 957	24 149	86 773	34 263	17	137	46	36
Umlandzone (3 + 4)	230	446	842	31 794	44 316	99 078	39 002	16	148	47	37
Stadtregion insgesamt (1 + 2 + 3 + 4)	297	545	941	150 290	239 939	317 843	124 562	6	484	22	—
Stadtregion NEUMÜNSTER											
Kernstädte (1)	35	35	72	73 481	75 045	86 013	36 314	1	1 742	8	—
Ergänzungsgebiet (2)	—	—	10	—	—	6 014	2 443	2	774	50	—
Kerngebiet (1 + 2)	35	35	82	73 481	75 045	92 027	38 757	1	1 620	11	—
Verstädterte Zone (3)	47	58	6	16 485	11 894	1 690	655	6	361	63	38
Randzone (4)	157	144	290	9 687	6 153	14 945	6 465	23	65	49	37
Umlandzone (3 + 4)	204	202	296	26 172	18 047	16 635	7 120	22	72	50	37
Stadtregion insgesamt (1 + 2 + 3 + 4)	239	238	378	99 653	93 092	108 662	45 877	5	407	17	—
Stadtregion NEUNKIRCHEN / OTTWEILER *)											
Kernstädte (1)	—	37	55	—	45 625	53 668	18 616	1	1 516	29	—
Ergänzungsgebiet (2)	—	73	76	—	64 170	73 072	25 199	1	1 177	69	—
Kerngebiet (1 + 2)	—	110	131	—	109 795	126 740	43 815	1	1 310	52	—
Verstädterte Zone (3)	—	40	18	—	15 008	7 022	2 279	3	439	78	50
Randzone (4)	—	63	105	—	8 230	16 804	5 864	7	179	76	40
Umlandzone (3 + 4)	—	103	122	—	23 238	23 826	8 143	6	215	76	43
Stadtregion insgesamt (1 + 2 + 3 + 4)	—	213	253	—	133 033	150 566	51 958	1	782	56	—

*) 1961 war nur Neunkirchen Kernstadt

Zone	Fläche in qkm			Wohnbevölkerung			Erwerbstätige am Wohnort 1970	Erwerbstätige in der Land- u. Forstw. in % der Erwerbstätigen am Wohnort	Einwohner-/Arbeitsplatzdichte je qkm	Berufsauspendler in % der Erwerbstätigen am Wohnort	Berufsauspendler in das Kerngebiet in % der Erwerbstätigen am Wohnort
	1950	1961	1970*)	1950	1961	1970*)					
Stadtregion NÜRNBERG / FÜRTH / ERLANGEN *)											
Kernstädte (1)	204	204	218	515 350	622 407	652 439	312 050	1	4 857	10	—
Ergänzungsgebiet (2)	56	130	184	56 372	126 106	182 686	87 521	2	1 366	52	—
Kerngebiet (1 + 2)	260	334	402	571 722	748 513	835 125	399 571	1	3 258	19	—
Verstädterte Zone (3)	120	453	450	31 890	118 462	156 013	73 072	7	455	55	46
Randzone (4)	517	639	909	83 540	47 932	78 703	38 823	26	108	56	42
Umlandzone (3 + 4)	637	1 092	1 359	115 430	166 394	234 716	111 895	13	223	55	44
Stadtregion insgesamt (1 + 2 + 3 + 4)	897	1 426	1 761	687 152	914 907	1 069 841	511 466	4	916	27	—

*) Namens- und Gebietsstandsänderung. Für 1950 keine Angaben.

Stadtregion OLDENBURG											
Kernstädte (1)	—	103	103	—	125 198	130 852	54 294	1	1 924	3	—
Ergänzungsgebiet (2)	—	—	—	—	—	—	—	—	—	—	—
Kerngebiet (1 + 2)	—	103	103	—	125 198	130 852	54 294	1	1 924	3	—
Verstädterte Zone (3)	—	—	—	—	—	—	—	—	—	—	—
Randzone (4)	—	358	724	—	24 473	77 586	32 289	21	141	36	28
Umlandzone (3 + 4)	—	358	724	—	24 473	77 586	32 289	21	141	36	28
Stadtregion insgesamt (1 + 2 + 3 + 4)	—	461	827	—	149 671	208 438	86 583	9	363	16	—
Stadtregion OSNABRÜCK											
Kernstädte (1)	56	56	56	109 538	138 658	143 905	60 074	1	4 129	5	—
Ergänzungsgebiet (2)	12	35	70	6 636	23 259	36 984	14 532	3	732	39	—
Kerngebiet (1 + 2)	68	91	126	116 174	161 917	180 889	74 606	1	2 252	12	—
Verstädterte Zone (3)	84	266	197	21 080	64 229	64 997	25 635	6	389	69	61
Randzone (4)	148	62	463	20 939	7 591	42 889	17 754	20	112	58	39
Umlandzone (3 + 4)	232	328	660	42 019	71 820	107 886	43 389	12	197	65	52
Stadtregion insgesamt (1 + 2 + 3 + 4)	300	419	786	158 193	233 737	288 775	117 995	5	531	31	—

Zone	Fläche in qkm			Wohnbevölkerung			Erwerbstätige am Wohnort 1970	Erwerbstätige in der Land- u. Forstw. in % der Erwerbstätigen am Wohnort	Einwohner-/ Arbeitsplatzdichte je qkm	Berufsauspendler in % der Erwerbstätigen am Wohnort	Berufsauspendler in das Kerngebiet in % der Erwerbstätigen am Wohnort
	1950	1961	1970*)	1950	1961	1970*)					
Stadtregion PADERBORN											
Kernstädte (1)	—	44	68	—	53 984	66 829	25 964	2	1 510	10	—
Ergänzungsgebiet (2)	—	—	26	—	—	13 606	5 675	2	803	35	—
Kerngebiet (1 + 2)	—	44	94	—	53 984	80 435	31 639	2	1 316	15	—
Verstädterte Zone (3)	—	115	80	—	16 721	17 883	7 251	6	290	45	37
Randzone (4)	—	182	559	—	21 389	43 371	16 529	18	96	49	32
Umlandzone (3 + 4)	—	297	639	—	38 110	61 254	23 780	15	120	48	34
Stadtregion insgesamt (1 + 2 + 3 + 4)	—	342	733	—	92 094	141 689	55 419	7	272	29	—
Stadtregion PFORZHEIM											
Kernstädte (1)	56	56	56	54 143	82 534	90 338	45 021	1	2 827	8	—
Ergänzungsgebiet (2)	17	64	64	10 303	41 198	48 241	24 062	1	1 123	41	—
Kerngebiet (1 + 2)	73	120	120	64 446	123 722	138 579	69 083	1	1 913	19	—
Verstädterte Zone (3)	100	298	189	22 741	54 170	57 587	27 826	4	388	57	46
Randzone (4)	161	99	220	28 085	17 220	30 176	14 749	9	167	63	46
Umlandzone (3 + 4)	261	397	409	50 826	71 390	87 763	42 575	6	270	59	46
Stadtregion insgesamt (1 + 2 + 3 + 4)	334	517	529	115 272	195 112	226 342	111 638	3	642	35	—
Stadtregion RAVENSBURG											
Kernstädte (1)	—	—	20	—	—	32 068	14 463	1	2 710	11	—
Ergänzungsgebiet (2)	—	—	12	—	—	17 831	7 694	1	2 203	31	—
Kerngebiet (1 + 2)	—	—	33	—	—	49 899	22 157	1	2 471	18	—
Verstädterte Zone (3)	—	—	42	—	—	13 494	5 658	7	411	52	47
Randzone (4)	—	—	286	—	—	24 745	11 432	27	131	46	36
Umlandzone (3 + 4)	—	—	328	—	—	38 239	17 090	21	148	48	40
Stadtregion insgesamt (1 + 2 + 3 + 4)	—	—	361	—	—	88 138	39 247	10	360	31	—

Zone	Fläche in qkm			Wohnbevölkerung			Erwerbstätige am Wohnort 1970	Erwerbstätige in der Land- u. Forstw. in % der Erwerbstätigen am Wohnort	Einwohner-/ Arbeitsplatzdichte je qkm	Berufsauspendler in % der Erwerbstätigen am Wohnort	Berufsauspendler in das Kerngebiet in % der Erwerbstätigen am Wohnort
	1950	1961	1970*)	1950	1961	1970*)					
Stadtregion REGENSBURG											
Kernstädte (1)	52	52	52	117 291	125 047	129 589	55 425	1	4 078	3	—
Ergänzungsgebiet (2)	—	—	11	—	—	5 793	2 509	6	622	75	—
Kerngebiet (1 + 2)	52	52	63	117 291	125 047	135 382	57 934	1	3 420	6	—
Verstädterte Zone (3)	34	173	163	7 173	37 467	45 039	19 848	7	358	57	49
Randzone (4)	121	228	569	15 300	17 105	43 380	19 511	25	93	59	43
Umlandzone (3 + 4)	155	401	732	22 473	54 572	88 419	39 359	16	153	58	46
Stadtregion insgesamt (1 + 2 + 3 + 4)	207	454	795	139 764	179 619	223 801	97 293	7	416	27	—
Stadtregion REUTLINGEN / TÜBINGEN *)											
Kernstädte (1)	48	47	93	45 735	67 407	134 426	60 060	1	2 353	9	—
Ergänzungsgebiet (2)	19	24	102	9 660	15 398	58 901	28 229	3	820	41	—
Kerngebiet (1 + 2)	67	72	195	55 395	82 805	193 327	88 289	2	1 548	19	—
Verstädterte Zone (3)	85	109	168	27 791	36 009	54 964	26 130	6	417	55	44
Randzone (4)	64	54	199	12 986	14 593	25 374	12 080	15	159	57	42
Umlandzone (3 + 4)	149	163	367	40 777	50 602	80 338	38 210	9	278	56	43
Stadtregion insgesamt (1 + 2 + 3 + 4)	216	235	562	96 172	133 407	273 665	126 499	4	718	30	—

*) 1950 und 1961 nur Stadtregion Reutlingen

Stadtregion RHEIN - NECKAR *)											
Kernstädte (1)	307	361	460	485 911	667 307	746 812	339 331	1	2 635	11	—
Ergänzungsgebiet (2)	126	207	632	82 299	155 488	409 168	180 707	3	848	57	—
Kerngebiet (1 + 2)	433	568	1 092	568 290	822 795	1 155 980	520 038	2	1 601	27	—
Verstädterte Zone (3)	504	713	610	175 114	250 569	189 863	80 616	8	381	59	48
Randzone (4)	237	245	446	52 205	51 106	62 791	26 870	19	170	59	41
Umlandzone (3 + 4)	742	857	1 056	227 319	301 675	252 654	107 486	11	292	59	46
Stadtregion insgesamt (1 + 2 + 3 + 4)	1 175	1 525	2 148	795 609	1 124 470	1 408 634	627 524	3	958	32	—

*) Namens und Gebietsstandsänderung.

Zone	Fläche in qkm			Wohnbevölkerung			Erwerbstätige am Wohnort 1970	Erwerbstätige in der Land- u. Forstw. in % der Erwerbstätigen am Wohnort	Einwohner-/ Arbeitsplatzdichte je qkm	Berufsauspendler in % der Erwerbstätigen am Wohnort	Berufsauspendler in das Kerngebiet in % der Erwerbstätigen am Wohnort
	1950	1961	1970*)	1950	1961	1970*)					
Agglomeration RHEIN-RUHR *)											
Kernstädte (1)	2 273	2 372	2 393	5299 269	6820 870	6721 809	2822 896	1	4 103	13	—
Ergänzungsgebiet (2)	1 314	1 723	3 035	1214 900	1711 752	2642 965	1085 625	2	1 186	39	—
Kerngebiet (1 + 2)	3 587	4 096	5 428	6514 169	8532 622	9364 774	3908 521	1	2 472	20	—
Verstädterte Zone (3)	1 054	1 694	1 112	337 483	410 533	356 769	142 381	5	395	56	46
Randzone (4)	1 006	652	1 327	186 296	126 734	184 073	71 078	13	169	56	44
Umlandzone (3 + 4)	2 060	2 346	2 439	523 779	537 267	540 842	213 459	8	272	56	45
Stadtregion insgesamt (1 + 2 + 3 + 4)	5 647	6 442	7 868	7037 948	9069 889	9905 616	4121 980	1	1 790	22	—

*) gegenüber 1950 Gebietsstandsänderung

Zone	Fläche in qkm			Wohnbevölkerung			Erwerbstätige am Wohnort 1970	Erwerbstätige in der Land- u. Forstw. in % der Erwerbstätigen am Wohnort	Einwohner-/ Arbeitsplatzdichte je qkm	Berufsauspendler in % der Erwerbstätigen am Wohnort	Berufsauspendler in das Kerngebiet in % der Erwerbstätigen am Wohnort
	1950	1961	1970*)	1950	1961	1970*)					
Stadtregion SAARBRÜCKEN/VÖLKLINGEN											
Kernstädte (1)	—	80	80	—	173 349	167 742	65 235	—	3 797	14	—
Ergänzungsgebiet (2)	—	87	231	—	100 021	217 683	78 970	1	820	66	—
Kerngebiet (1 + 2)	—	167	311	—	273 370	385 425	144 205	1	1 839	42	—
Verstädterte Zone (3)	—	174	250	—	105 631	100 185	36 209	3	477	71	41
Randzone (4)	—	30	148	—	4 260	24 197	8 396	6	183	73	40
Umlandzone (3 + 4)	—	204	398	—	109 891	124 382	44 605	3	367	71	41
Stadtregion insgesamt (1 + 2 + 3 + 4)	—	371	710	—	383 271	509 807	188 810	1	1 013	49	—
Stadtregion SAARLOUIS/DILLINGEN											
Kernstädte (1)	—	53	59	—	54 505	59 179	21 621	2	1 574	33	—
Ergänzungsgebiet (2)	—	53	60	—	29 858	43 874	15 099	1	906	66	—
Kerngebiet (1 + 2)	—	106	119	—	84 363	103 053	36 720	2	1 253	47	—
Verstädterte Zone (3)	—	26	117	—	9 334	45 103	15 868	2	450	69	38
Randzone (4)	—	43	136	—	7 316	22 435	7 967	8	185	72	41
Umlandzone (3 + 4)	—	69	253	—	16 650	67 538	23 835	4	307	70	39
Stadtregion insgesamt (1 + 2 + 3 + 4)	—	175	373	—	101 013	170 591	60 555	3	610	56	—

Zone	Fläche in qkm			Wohnbevölkerung			Erwerbstätige am Wohnort 1970	Erwerbstätige in der Land- u. Forstw. in % der Erwerbstätigen am Wohnort	Einwohner-/ Arbeitsplatzdichte je qkm	Berufsauspendler in % der Erwerbstätigen am Wohnort	Berufsauspendler in das Kerngebiet in % der Erwerbstätigen am Wohnort
	1950	1961	1970*)	1950	1961	1970*)					
Stadtregion SCHWEINFURT											
Kernstädte (1)	33	33	33	46 140	56 894	58 390	24 574	1	3 416	3	—
Ergänzungsgebiet (2)	—	5	15	—	2 789	9 746	4 189	7	750	75	—
Kerngebiet (1 + 2)	33	38	48	46 140	59 683	68 136	28 763	2	2 583	14	—
Verstädterte Zone (3)	45	143	116	13 040	32 718	30 994	13 341	11	319	67	62
Randzone (4)	171	361	753	21 018	26 706	63 045	27 515	29	103	54	41
Umlandzone (3 + 4)	216	504	869	34 058	59 424	94 039	40 856	23	131	58	48
Stadtregion insgesamt (1 + 2 + 3 + 4)	249	542	917	80 198	119 107	162 175	69 619	14	260	40	—
Stadtregion SIEGEN											
Kernstädte (1)	22	21	50	38 787	49 404	57 302	23 473	1	1 866	21	—
Ergänzungsgebiet (2)	33	58	74	41 778	65 056	68 379	27 020	1	1 317	38	—
Kerngebiet (1 + 2)	55	79	124	80 565	114 460	125 681	50 493	1	1 537	30	—
Verstädterte Zone (3)	74	135	258	19 938	32 526	76 335	28 596	2	382	46	33
Randzone (4)	68	28	159	13 186	3 403	20 869	7 998	3	172	36	29
Umlandzone (3 + 4)	142	164	417	33 124	35 929	97 204	36 594	2	302	43	32
Stadtregion insgesamt (1 + 2 + 3 + 4)	197	244	540	113 689	150 389	222 885	87 087	1	585	36	—
Stadtregion STUTTGART											
Kernstädte (1)	207	207	207	497 677	637 539	633 158	329 773	1	5 218	5	—
Ergänzungsgebiet (2)	304	432	941	316 900	490 290	949 521	461 458	3	1 475	44	—
Kerngebiet (1 + 2)	511	639	1 148	814 577	1127 829	1582 679	791 231	2	2 151	28	—
Verstädterte Zone (3)	574	848	832	174 106	273 247	262 442	123 217	7	400	57	48
Randzone (4)	724	346	528	136 025	67 945	87 387	44 113	14	202	50	34
Umlandzone (3 + 4)	1 298	1 194	1 351	310 131	341 192	349 829	167 330	9	325	55	44
Stadtregion insgesamt (1 + 2 + 3 + 4)	1 810	1 834	2 499	1124 708	1469 021	1932 508	958 561	3	1 163	32	—

Zone	Fläche in qkm			Wohnbevölkerung			Erwerbstätige am Wohnort 1970	Erwerbstätige in der Land- u. Forstw. in % der Erwerbstätigen am Wohnort	Einwohner-/ Arbeitsplatzdichte je qkm	Berufsauspendler in % der Erwerbstätigen am Wohnort	Berufsauspendler in das Kerngebiet in % der Erwerbstätigen am Wohnort
	1950	1961	1970*)	1950	1961	1970*)					
Stadtregion TRIER											
Kernstädte (1)	58	58	117	75 526	87 141	103 724	40 418	2	1 350	5	—
Ergänzungsgebiet (2)	—	15	45	—	9 316	12 510	5 068	15	418	38	—
Kerngebiet (1+2)	58	73	162	75 526	96 457	116 234	45 486	4	1 091	8	—
Verstädterte Zone (3)	55	75	34	15 955	21 027	8 311	3 399	13	340	61	52
Randzone (4)	85	101	511	18 101	14 667	52 983	21 241	21	125	57	42
Umlandzone (3+4)	140	176	545	33 465	35 694	61 294	24 540	20	138	58	43
Stadtregion insgesamt (1+2+3+4)	198	249	707	108 982	132 151	177 528	70 026	9	356	26	—
Stadtregion ULM / NEU-ULM											
Kernstädte (1)	73	73	74	85 998	117 006	121 323	58 651	1	2 829	15	—
Ergänzungsgebiet (2)*)	—	27	45	—	16 193	15 071	7 422	6	410	65	—
Kerngebiet (1+2)	73	100	119	85 998	133 199	136 394	66 073	2	1 981	20	—
Verstädterte Zone (3)	66	226	132	16 444	40 214	46 144	21 558	6	412	61	52
Randzone (4)	421	367	646	41 741	30 957	79 328	36 842	18	156	52	37
Umlandzone (3+4)	487	593	778	58 185	71 171	125 472	58 400	13	206	56	43
Stadtregion insgesamt (1+2+3+4)	560	693	897	144 183	204 370	261 866	124 473	7	441	37	—

*) Das Ergänzungsgebiet umfaßt auch Gemeinden, die bis zum 1. Februar 1972 in die Kernstadt eingemeindet wurden, obwohl deren Einwohner-Arbeitsplatz-Dichte unter dem geforderten Schwellenwert liegen.

Zone	Fläche in qkm			Wohnbevölkerung			Erwerbstätige am Wohnort 1970	Erwerbstätige in der Land- u. Forstw. in % der Erwerbstätigen am Wohnort	Einwohner-/ Arbeitsplatzdichte je qkm	Berufsauspendler in % der Erwerbstätigen am Wohnort	Berufsauspendler in das Kerngebiet in % der Erwerbstätigen am Wohnort
	1950	1961	1970*)	1950	1961	1970*)					
Stadtregion VILLINGEN / SCHWENNINGEN											
Kernstädte (1)	—	—	93	—	—	72 613	37 052	1	1 279	5	—
Ergänzungsgebiet (2)	—	—	13	—	—	12 454	6 317	1	1 575	6	—
Kerngebiet (1+2)	—	—	106	—	—	85 067	43 369	1	1 314	5	—
Verstädterte Zone (3)	—	—	23	—	—	7 658	4 101	3	476	24	33
Randzone (4)	—	—	303	—	—	32 681	16 070	16	138	52	41
Umlandzone (3+4)	—	—	326	—	—	40 339	20 171	13	162	49	40
Stadtregion insgesamt (1+2+3+4)	—	—	432	—	—	125 406	63 540	5	444	19	—

Zone	Fläche in qkm			Wohnbevölkerung			Erwerbstätige am Wohnort 1970	Erwerbstätige in der Land- u. Forstw. in % der Erwerbstätigen am Wohnort	Einwohner-/ Arbeitsplatzdichte je qkm	Berufsauspendler in % der Erwerbstätigen am Wohnort	Berufsauspendler in das Kerngebiet in % der Erwerbstätigen am Wohnort
	1950	1961	1970*)	1950	1961	1970*)					
Stadtregion WETZLAR											
Kernstädte (1)	17	18	18	26 252	37 277	36 618	16 826	0	4 000	10	—
Ergänzungsgebiet (2)	—	—	14	—	—	6 871	2 989	2	631	53	—
Kerngebiet (1+2)	17	18	32	26 252	37 277	43 489	19 815	1	2 522	16	—
Verstädterte Zone (3)	102	205	154	26 987	51 577	46 326	20 481	5	372	63	45
Randzone (4)	215	157	245	34 889	20 327	28 883	12 514	11	140	35	40
Umlandzone (3+4)	317	362	399	61 876	71 904	75 209	32 995	7	229	64	43
Stadtregion insgesamt (1+2+3+4)	334	380	431	88 128	109 181	118 698	52 810	5	399	46	—
Stadtregion WIESBADEN / MAINZ											
Kernstädte (1)	210	210	262	309 110	387 655	422 317	189 633	2	2 491	11	—
Ergänzungsgebiet (2)	49	120	205	36 848	91 461	163 025	76 430	2	1 193	40	—
Kerngebiet (1+2)	259	330	466	345 958	479 116	585 342	266 063	2	1 925	20	—
Verstädterte Zone (3)	165	306	415	48 666	81 355	135 738	58 901	11	423	53	40
Randzone (4)	278	407	579	56 866	75 331	67 779	29 992	21	141	60	42
Umlandzone (3+4)	443	713	994	105 532	156 686	203 517	88 893	14	259	56	41
Stadtregion insgesamt (1+2+3+4)	702	1 044	1 460	451 490	635 802	788 859	354 956	5	790	29	—
Stadtregion WILHELMSHAVEN											
Kernstädte (1)	—	55	61	—	100 197	102 732	42 355	1	2 412	12	—
Ergänzungsgebiet (2)	—	—	62	—	—	24 563	10 649	3	667	34	—
Kerngebiet (1+2)	—	55	123	—	100 197	127 295	53 004	1	1 532	17	—
Verstädterte Zone (3)	—	—	23	—	—	7 611	3 322	4	443	52	48
Randzone (4)	—	141	339	—	23 055	21 488	8 850	26	79	51	41
Umlandzone (3+4)	—	141	362	—	23 055	29 099	12 172	20	102	51	43
Stadtregion insgesamt (1+2+3+4)	—	197	485	—	123 252	156 394	65 176	5	464	23	—

Zone	Fläche in qkm			Wohnbevölkerung			Erwerbstätige am Wohnort 1970	Erwerbstätige in der Land- u. Forstw. in % der Erwerbstätigen am Wohnort	Einwohner-/ Arbeitsplatzdichte je qkm	Berufsauspendler in % der Erwerbstätigen am Wohnort	Berufsauspendler in das Kerngebiet in % der Erwerbstätigen am Wohnort
	1950	1961	1970*)	1950	1961	1970*)					
Stadtregion WOLFSBURG											
Kernstädte (1)	—	31	35	—	64 560	88 655	42 783	0	4 722	3	—
Ergänzungsgebiet (2)	—	12	36	—	7 291	23 520	9 992	2	780	70	—
Kerngebiet (1+2)	—	44	71	—	71 851	112 175	52 775	1	2 724	16	—
Verstädterte Zone (3)	—	148	75	—	25 160	18 312	8 002	6	282	73	60
Randzone (4)	—	368	770	—	20 592	54 784	23 959	18	83	65	47
Umlandzone (3+4)	—	516	845	—	45 752	73 096	31 961	15	102	67	51
Stadtregion insgesamt (1+2+3+4)	—	560	916	—	117 603	185 271	84 736	6	304	35	—
Stadtregion WÜRZBURG											
Kernstädte (1)	57	57	57	78 442	116 883	117 147	45 819	1	3 422	4	—
Ergänzungsgebiet (2)	9	29	34	4 635	15 627	22 302	9 341	3	765	71	—
Kerngebiet (1+2)	66	86	91	83 078	132 510	139 449	55 160	1	2 429	15	—
Verstädterte Zone (3)	50	134	160	16 783	29 799	42 395	17 762	8	317	66	60
Randzone (4)	150	250	470	27 191	29 576	46 086	20 417	26	122	52	41
Umlandzone (3+4)	200	384	630	43 974	59 375	88 481	38 179	18	171	59	50
Stadtregion insgesamt (1+2+3+4)	266	470	721	127 052	191 885	227 930	93 339	8	456	33	—
Stadtregion ZWEIBRÜCKEN/HOMBURG											
Kernstädte (1)	—	—	78	—	—	64 939	25 595	1	1 372	13	—
Ergänzungsgebiet (2)	—	—	19	—	—	5 354	2 072	5	345	77	—
Kerngebiet (1+2)	—	—	97	—	—	70 293	27 667	1	1 165	18	—
Verstädterte Zone (3)	—	—	110	—	—	29 481	11 142	4	311	71	43
Randzone (4)	—	—	279	—	—	35 276	14 198	15	147	66	40
Umlandzone (3+4)	—	—	389	—	—	64 757	25 340	10	194	68	41
Stadtregion insgesamt (1+2+3+4)	—	—	486	—	—	135 050	53 007	6	387	42	—

Tabelle 2

Summentabelle der Stadtregionen 1950, 1961, 1970
(Fläche, Bevölkerung, Einwohner-Arbeitsplatzdichte, Erwerbstätige)

Alle Stadtregionen 1970*)

Stadtregion	Fläche in qkm			Wohnbevölkerung				Einwohner-/Arbeitsplatzdichte	Erwerbstätige in der Land- und Forstwirtschaft in % aller Erwerbspersonen	Erwerbstätige am Wohnort insgesamt
	1950	1961	1970	1950	1961	1970**)			1970	
Aachen	455	467	599	363 588	444 811	538 599	1 246	2	212 058
Aalen	—	—	381	—	—	98 806	385	6	44 512
Aschaffenburg	202	307	364	85 557	125 299	156 564	620	3	67 460
Augsburg	529	799	1 071	277 458	363 794	431 355	601	5	203 789
Bamberg	196	347	501	107 259	128 685	154 416	446	8	66 166
Basel/Lörrach (nur D)	—	146	214	—	82 950	110 274	656	4	50 667
Bayreuth	—	250	345	—	86 367	100 005	434	8	45 157
Bielefeld	320	316	789	266 309	321 501	517 985	963	3	226 200
Bonn/Siegburg	232	615	853	226 084	464 270	515 533	858	4	215 582
Braunschweig/Wolfenbüttel	397	610	872	285 775	369 370	397 527	655	3	171 962
Bremen	963	1 659	2 011	449 738	812 596	884 050	638	4	381 458
Bremerhaven	454	801	1 040	149 894	222 969	237 658	318	9	97 536
Celle	—	—	357	—	—	87 218	353	4	36 974
Darmstadt	343	412	570	170 264	241 104	306 154	783	3	134 199
Düren	—	156	488	—	87 672	143 058	319	5	56 988
Emden	—	—	438	—	—	114 178	363	10	43 674
Flensburg	130	216	663	113 025	118 745	143 848	308	7	58 777
Frankfurt/Offenbach	1 423	1 785	2 468	1 054 212	1 474 847	1 855 113	1 129	2	884 418
Freiburg	209	420	544	129 005	198 292	242 948	656	6	105 238
Fulda	436	553	618	93 821	110 611	126 692	292	9	51 194
Giessen	382	497	468	121 211	159 093	173 642	545	5	74 797
Göppingen	—	323	570	—	136 691	218 491	564	5	105 077
Göttingen	325	496	768	124 684	146 617	182 795	341	7	75 056
Goslar	152	—	751	86 378	—	100 435	530	3	41 683
Hamburg	1 963	1 969	2 581	1 893 083	2 187 837	2 321 706	1 345	2	1 059 456
Hameln	—	328	419	—	86 624	96 908	335	6	41 651
Hamm	158	166	396	136 293	157 873	241 192	846	3	94 562

Stadtregion	Fläche in qkm			Wohnbevölkerung				Einwohner-/Arbeitsplatzdichte	Erwerbstätige in der Land- und Forstwirtschaft in % aller Erwerbspersonen 1970	Erwerbstätige am Wohnort insgesamt 1970
	1950	1961	1970	1950	1961	1970**)				
Hannover	919	1 115	2 170	628 125	853 260	1 085 744		740	3	492 515
Heidenheim	—	460	501	—	96 652	110 668		325	6	52 257
Heilbronn	397	619	706	141 471	213 602	263 280		501	7	121 268
Herford	139	169	505	99 308	122 303	285 078		818	4	126 199
Hildesheim	247	345	517	109 716	145 148	169 610		471	5	80 726
Ingolstadt	—	440	678	—	107 493	151 515		328	9	66 597
Kaiserslautern	424	446	740	106 592	136 446	176 850		340	4	72 496
Karlsruhe	683	743	868	334 346	417 573	506 624		850	3	222 925
Kassel	744	853	1 101	288 063	341 744	409 165		539	5	170 863
Kiel	391	517	766	315 996	357 040	379 398		703	3	157 630
Koblenz/Neuwied	300	631	982	136 972	82 950	110 274		543	4	151 745
Lübeck	442	433	429	288 383	275 326	284 886		942	2	118 073
Lüdenscheid	—	114	191	—	79 329	141 027		1 081	1	63 396
Lüneburg	—	356	483	—	84 310	98 953		290	6	41 363
Marburg	—	—	441	—	—	102 282		326	9	39 697
Minden	166	254	437	88 600	110 388	150 490		484	7	63 035
Mönchengladbach/Rheydt/Viersen	335	358	626	309 779	370 388	462 280		1 038	3	194 283
München	1 365	1 970	2 353	1 040 166	1 449 772	1 833 380		1 198	2	941 438
Münster	297	545	941	150 290	239 939	317 843		484	6	124 562
Neumünster	239	238	378	99 653	93 092	108 662		407	5	45 877
Neunkirchen/Ottweiler***)	213	213	253	124 918	133 033	150 566		782	1	51 958
Nürnberg/Fürth/Erlangen	897	1 426	1 761	687 152	914 907	1 069 841		916	4	511 466
Oldenburg i.O.	—	461	827	—	149 671	208 438		363	9	86 583
Osnabrück	300	419	776	158 193	233 737	288 775		531	5	117 995
Paderborn	—	342	733	—	92 094	141 689		272	7	55 419
Pforzheim	334	517	529	115 272	195 112	226 342		642	3	111 638

Stadtregion	Fläche in qkm			Wohnbevölkerung			Einwohner-/Arbeitsplatzdichte 1970	Erwerbstätige in der Land- und Forstwirtschaft in % aller Erwerbspersonen 1970	Erwerbstätige am Wohnort insgesamt 1970
	1950	1961	1970	1950	1961	1970*			
Ravensburg	—	—	361	—	—	88 138	360	10	39 247
Regensburg	207	454	795	139 764	179 619	223 801	416	7	97 293
Reutlingen/Tübingen	216	235	562	96 172	133 407	273 665	718	4	126 499
Rhein-Neckar	1 174	1 525	2 148	795 609	1 124 470	1 408 634	958	3	627 524
Rhein-Ruhr	5 647	6 442	7 868	7 186 379	9 069 889	9 905 616	1 790	1	4 121 980
Saarbrücken/Völklingen***)	371	371	710	347 634	383 261	509 807	1 113	1	188 810
Saarlouis/Dillingen***)	175	175	373	85 381	101 013	170 591	610	3	60 555
Schweinfurt	249	542	917	80 198	119 107	162 175	260	14	69 619
Siegen	197	244	540	113 689	150 389	222 885	585	1	87 087
Stuttgart	1 810	1 834	2 499	1 124 708	1 469 021	1 932 508	311	3	958 561
Trier	198	249	707	108 982	132 151	177 528	356	9	70 026
Ulm/Neu-Ulm	560	693	897	144 183	204 370	261 866	441	7	124 473
Villingen/Schwenningen	—	—	432	—	—	125 426	444	5	63 540
Wetzlar	334	380	431	88 128	109 181	118 698	399	5	52 810
Wiesbaden/Mainz	702	1 044	1 460	451 490	635 802	788 859	259	5	354 956
Wilhelmshaven	—	197	485	125 077	123 252	156 394	464	5	65 176
Wolfsburg	—	560	916	—	117 603	185 271	304	6	84 736
Würzburg	266	470	721	127 052	191 885	227 930	456	8	93 339
Zweibrücken/Homburg***)	—	—	486	—	—	135 050	387	6	53 007
Summe 72 Stadtregionen	29 317	43 039	64 772	21 992 845	30 296 492	37 065 191	—	—	16 267 533

*) Soweit 1970 gegenüber 1950 und 1961 Zusammenfassungen von Stadtregionen stattgefunden haben, sind diese bei den Flächen- und Bevölkerungsvergleichen berücksichtigt. Die Angaben für 1950 und 1961 stimmen daher z. T. nicht mit den früher veröffentlichten Daten überein. Kleinere Differenzen sind auf Rundungen zurückzuführen.
**) Gegenüber 1950 und 1961 geänderte Schwellenwerte.
***) Zahlendes Saarlandes für 1950 z. T. Stand 14. 11. 1951, z. T. geschätzt.

Geographisches Institut
der Universität Kiel
Neue Universität